gefördert durch

Deutsche
Bundesstiftung Umwelt

www.dbu.de

Bibliografische Information der Deutschen Nationalbibliothek:
Die Deutsche Nationalbibliothek verzeichnet diese Publikation
in der Deutschen Nationalbibliografie; detaillierte bibliografische
Daten sind im Internet über www.dnb.de abrufbar.

© 2022 oekom verlag, München
oekom – Gesellschaft für ökologische Kommunikation mbH
Waltherstraße 29, 80337 München

Lektorat: Nicola Quarz
Layout und Satz: Reihs Satzstudio, Lohmar
Korrektur: Maike Specht
Umschlaggestaltung: Ines Swoboda
Umschlagabbildung: © Thomas Lohnes, epd-bild.de
Druck: GGP Media GmbH, Pößneck

Alle Rechte vorbehalten
ISBN 978-3-96238-400-5

Ralf-Uwe Beck, Klaus Töpfer,
Angelika Zahrnt (Hrsg.)

FLUCHT

Ursachen bekämpfen,
Flüchtlinge schützen

Plädoyer
für eine humane Politik

Inhalt

Das Buch

Erst willkommen, dann Abwehr: Nahezu eine Million Flüchtlinge waren 2015 nach Deutschland gekommen. Das Land war um ihre Integration bemüht. Das war gut so. Aber in der Folge ging es der Politik vorrangig darum, die Zahl der Flüchtlinge zu reduzieren, die es bis zu uns schaffen. Obergrenzen für Flüchtlinge wurden eingezogen, Migrantinnen und Migranten als »Asyltouristen« beschimpft. Als die Zahlen sanken, wurde das als Erfolg vermeldet. Das hat uns empört, denn die Situation der Flüchtlinge und was sie zur Flucht getrieben hat, hat dabei keine Rolle gespielt. Hinter den Zahlen verblassen die Gesichter und Namen, die Schicksale der Menschen, die sich gezwungen sehen, ihre Heimat zu verlassen. Dem wollten wir etwas entgegensetzen. Jede Flucht hat ihren Grund. Das haben wir über einen Aufruf geschrieben, dem sich 150 Trägerinnen und Träger des Bundesverdienstkreuzes angeschlossen haben: Fluchtursachen, nicht Flüchtlinge sollen bekämpft werden. Ernsthaft, systematisch und ehrlich sollte untersucht werden, wie Deutschland zur Verschärfung von Fluchtursachen beiträgt, und ausgearbeitet werden, wie dem zu begegnen ist. Dafür sollte, so forderten wir, der Bundestag eine Enquete-Kommission Fluchtursachen einsetzen. Das war 2017. Der Koalitionsvertrag von 2018 sah zwar keine Enquete-Kommission, aber eine Fachkommission vor. Sie wurde 2019 mit Expertinnen und Experten aus der Wissenschaft und der Zivilgesellschaft von der Bundesregierung eingesetzt. 2021 hat sie ihren Bericht vorgelegt.

Der Bericht hat uns beeindruckt. Er ist fundiert, klar in der Analyse und mündet in konkrete Forderungen – eine Blaupause für die Bekämpfung von Fluchtursachen. Viele solcher Berichte verschwinden in Schubladen. Mancher dieser Berichte hat ein solches Schicksal verdient, dieser nicht. Mit dem Buch wollen wir die Debatte fortführen und den Finger in die Wunden der deutschen und europäischen Flüchtlingspolitik legen. Unabdingbar ist dabei, der Frage nachzugehen, wie sich unser Wirtschafts- und Lebensstil auf die Lebensbedingungen in anderen Ländern auswirkt. Gehen wir den Weg der Menschen, die als Flüchtlinge zu uns kommen, zurück bis zu dem Ort, an dem sie aufgebrochen sind, könnte es sein, dass wir uns selbst begegnen. Wofür sind wir verantwortlich, und wozu verpflichtet uns diese Verantwortung?

Die Autorinnen und Autoren, die wir für dieses Buch gewinnen konnten, hatten den Bericht der Fachkommission auf dem Schreibtisch. Viele beziehen sich auf die Vorschläge und Forderungen, vertiefen und verstärken sie. Wir hatten eingeladen, klare Aussagen zu treffen und Ansagen zu machen, was zu tun ist. Wir sind dankbar, dass sich die Autorinnen und Autoren darauf eingelassen haben, oft spontan und trotz Zeitdrucks, mit ihrem Engagement und Wissen. So ist dieses Buch zu einem politischen Plädoyer geworden, als Orientierung für politische Entscheiderinnen und Entscheider, für Nichtregierungsorganisationen, für engagierte Menschen, für all jene eben, die nach Argumenten suchen, die einen Impuls brauchen, um zu tun, was zu tun ist – oder um es zu fordern.

Flucht wird diese Menschheit begleiten. Die Fakten lassen leider erwarten, dass sich das Problem verschärfen wird. Grenzzäune zu bauen und Stacheldraht auszurollen, bekämpft die Ursachen nicht. Es ist die falsche Antwort. Wollen wir den Werten, auf die Europa gegründet ist, treu bleiben, haben wir uns der Aufgabe zu stellen, Fluchtursachen anzugehen und Flüchtlinge zu schützen. Dieses Buch zeigt: Das kann gehen.

Ralf-Uwe Beck
Klaus Töpfer
Angelika Zahrnt

Gerd Müller

Unser Reichtum ist Verpflichtung

Wir sind eine Welt, in der alles mit allem auf diesem Planeten zusammenhängt. Große gewaltige Herausforderungen fordern ein wesentlich stärkeres gemeinsames solidarisches Handeln der Weltgemeinschaft.

Die Coronapandemie, der Klimawandel, die Auswirkungen des Krieges in der Ukraine und viele Konflikte in den anderen Regionen der Welt sowie Hunger und Armut bei einer weiterhin stark steigenden Weltbevölkerung, vor allem in Afrika, sind dramatische Entwicklungen, die uns alle betreffen. Eine unmittelbare Folge sind große Migrations- und Fluchtbewegungen. Das UN-Flüchtlingskommissariat (UNHCR) erfasste im Mai 2022 mehr als 100 Millionen Menschen weltweit als Flüchtlinge und Vertriebene. Dies ist ein dramatischer Anstieg und deutlich mehr als eine Verdopplung der Flüchtlingszahlen über die vergangenen zehn Jahre.

Dabei werden knapp 90 Prozent der Flüchtlinge von meist sehr armen Entwicklungsländern aufgenommen. 50 Prozent der Flüchtlinge weltweit sind Kinder. Mit 50 Cent am Tag stellen Hilfsorganisationen das Überleben eines Flüchtlings heute sicher. Besonders dramatisch ist die aktuelle Situation der ukrainischen Kriegsflüchtlinge, die Lage in Syrien und Afghanistan, im Jemen, im Südsudan, in Lateinamerika. Das Leid der Menschen ist unermesslich. Ich habe zahlreiche Flüchtlingscamps weltweit besucht und den Hilfeschrei der Betroffenen nach Hause mitgenommen. Betroffenheit genügt nicht, Wegschauen ist eine Schande. Wir in den reichen Industrieländern müssen unserer Verantwortung gerecht werden, und dies ist leider nicht in ausreichendem Maße der Fall.

Wir denken viel zu kurz, wenn wir nur europäische Grenzen absichern. Es ist klar, dass wir das Elend und Leid der Flüchtlinge und Vertriebenen weltweit nicht durch Aufnahmen in Europa lösen können. Aber wir müssen zu Hause unseren Beitrag leisten und zugleich in viel entschiedenerer Weise Fluchtursachen bekämpfen und unsere Nachbarländer und die hauptsächlich betroffenen Regionen unterstützen. Kein Mensch befindet sich freiwillig auf der Flucht. Ich habe Dadaab in Kenia mit zu der Zeit mehr als 400.000 Flüchtlingen, das Auffangcamp für 700.000 Rohingya-Flüchtlinge in Bangladesch oder das afrikanische Durchgangslager in Agadez besucht und mit den ausgebeuteten und von Gewalt gezeichneten Armutsflüchtlingen gesprochen.

Ihr Schicksal steht für die Situation von Millionen von Menschen. Keine Arbeit, kein Essen, kein Einkommen, keine Perspektive zu Hause lässt vielen Menschen keinen Ausweg. Der Klimawandel ist heute schon für über 20 Millionen Menschen, insbesondere für die Bevölkerung in afrikanischen Staaten, der Auslöser dafür, die heimische Region zu verlassen. Die natürlichen Lebensgrundlagen werden durch Dürre, Hitze und Wetterextreme vernichtet. Verantwortlich für den Klimawandel sind diese Menschen nicht, sie sind die Betroffenen einer vornehmlich von den Industrieländern ausgelösten Dynamik der Kohlendioxidemissionen und des daraus erwachsenden fortschreitenden Klimawandels.

Aus 20 Millionen Klimaflüchtlingen könnten, so die Wissenschaftler, schon in wenigen Jahren 100 Millionen werden. Genügt dieser dramatische Ausblick nicht, um viel globaler und in verantwortungsvollem Miteinander für Afrika und andere Entwicklungsregionen zu handeln? Wir brauchen eine weltweite Transformation, eine Green Economy mit einer weltweiten Energiewende. Der Blick auf Europa mit weniger als zehn Prozent der Weltbevölkerung löst die Probleme und Herausforderungen nicht.

Die Herausforderungen von Armut, Hunger und Klimawandel sind lösbar. Das ist die gute Nachricht. Aber wir müssen entschiedener handeln, jetzt, in Europa und weltweit. Wir haben die Technologien und das Wissen, eine Welt ohne Hunger zu schaffen. Dafür wären 40 Milliarden Euro jedes Jahr bis 2035 notwendig, investiert in Agrarentwicklungsmaßnahmen zur Steigerung der Produktivität und in Anpassungsleistungen. Noch einmal: Wir haben dazu die Technik, das Wissen und die vorhandenen Mittel, um den Klimawandel zu stoppen.

Die reichsten zehn Prozent der Weltbevölkerung besitzen heute 90 Prozent des Weltvermögens, die ärmsten 50 Prozent der Welt nur ein Prozent. Dies zeigt, welche Ungerechtigkeit herrscht. Aus europäischer Sicht ist die Ausweitung des Green Deal der Europäischen Union auf Afrika und andere Staaten eine zentral notwendige Maßnahme. Wirtschaftspartnerschaften, Entwicklungszusammenarbeit zum Aufbau erneuerbarer Energiestrukturen, die Nutzung der Sonne Afrikas für Solarenergie und Wasserstoffproduktionen sind notwendig, um Afrika weg von der Kohle zum grünen Kontinent der erneuerbaren Energien zu entwickeln.

Arbeitsplätze für Hunderte von Millionen junger Menschen sind in den nächsten Jahrzehnten erforderlich. Die Bevölkerung Afrikas wird sich bis 2050 von heute 1,4 auf 2,5 Milliarden Menschen nahezu verdoppeln. Investitionen in die Zukunft der Jugend Afrikas sind Investitionen in unsere Zukunft in Europa und verhindern Fluchtbewegungen von viel größerem Ausmaß als heute. Alles hängt mit allem zusammen.

Denken und handeln wir nur lokal, werden wir von globalen Entwicklungen überrollt. Die Weltgemeinschaft, die Politiker, die Verantwortlichen in Staat und Gesellschaft kennen die Herausforderungen. Sie müssen entschieden handeln, ihre Versprechungen umsetzen – lokal und im globalen Verbund. Die Agenda 2030, das Pariser Klimaabkommen und die Biodiversitätskonvention bieten den Rahmen und zeigen die erforderlichen Maßnahmen auf. Was fehlt, ist der entschlossene Wille zum Handeln – über Grenzen hinweg im internationalen Verbund.

Zu den aufgezeigten Maßnahmen gehört auch ein neues globales Verständnis von fairem Handel. Der Ausbeutung der Entwicklungsländer – der Menschen durch Billigstlöhne, der Natur durch fehlende ökologische Standards – muss Einhalt geboten werden. Das deutsche Lieferkettengesetz ist ein erfreulicher erster nationaler Schritt. Die EU wird dem folgen. Notwendig sind aber weltweite Abkommen zum Schutz und zur Einhaltung grundlegender Menschenrechte, wie das Verbot von Kinderarbeit, und zum Schutz der ökologischen Grundlagen des Planeten.

Fluchtursachen bekämpfen heißt, Perspektiven vor Ort zu schaffen. Wertschöpfung muss vor Ort zur wirtschaftlichen Entwicklung und zum Aufbau von Arbeitsplätzen in Entwicklungsländern eingesetzt werden.

Entwicklung, Arbeit und Einkommen vor Ort schaffen Perspektiven und verhindern Aggression, Kriege, Flucht und Vertreibung. In diesem Sinne ist Entwicklungspolitik die beste Friedenspolitik.

Die erfreuliche Botschaft ist: Die Herausforderungen sind lösbar. Digitalisierung, Innovationen und moderne Technologien ermöglichen heute, eine Welt ohne Hunger und Armut zu schaffen. Sie ermöglichen es, den Klimawandel zu stoppen und globale Güter zu schützen. Wir müssen uns insbesondere in den Industrieländern diesen Herausforderungen entschlossen stellen und uns als eine Welt verstehen, in der alles mit allem zusammenhängt.

Unser Reichtum ist Verpflichtung. Wir können eine friedlichere, bessere und gerechtere Welt schaffen, in der Menschen Perspektiven und Zukunft in ihrer jeweiligen Heimatregion finden.

Dr. Gerd Müller ist seit 2021 Generaldirektor der Organisation der Vereinten Nationen für industrielle Entwicklung (UNIDO). Zuvor war er über zwei Legislaturperioden hinweg Bundesminister für wirtschaftliche Zusammenarbeit und Entwicklung. Von 1989 bis 1994 gehörte er dem Europäischen Parlament an, von 1994 bis 2021 dem Deutschen Bundestag.

Pirmin Spiegel

Unsere Art zu leben
bestimmt das Leben anderer

Im UN-Gebäude am Eastriver in New York wurde Ende Mai 2022 fünf Tage lang über Migration diskutiert – über Rechte von Menschen vor Ort und auf ihren Wegen in und durch Nachbarstaaten und in andere Regionen. Viele Länder haben sich an der Generaldebatte beteiligt, und während die Perspektiven auf Migration als Chance, als Bedrohung, als politisches Instrument oder Verjüngungskur für den eigenen Arbeitsmarkt unterschiedlicher kaum hätten sein können, wurde doch deutlich, dass das Thema weltweit nach wie vor hochumstritten und emotional ist.

Nicht wenige Staaten wollen einer empfundenen Entgrenzung menschlicher Mobilität harte Barrieren entgegensetzen und diesen Teil der Globalisierung einschränken, während der Handel und der Fluss von Gütern, Dienstleistungen und Kapital möglichst unbegrenzt geschehen soll.

Viel zu selten werden beide Phänomene zusammengedacht und Migration als Folge gerade dieser Handels- und Wirtschaftsstrukturen verstanden.

Im Kontext der Erderhitzung ist die Verantwortung der emittierenden Staaten mittlerweile verstanden worden – die Konsequenzen tragen sie aber bisher nur zu einem geringen Teil. Vertreibung aufgrund von Klimaveränderungen sehen wir bereits heute in vielen Teilen der Welt, prominent in den Inselstaaten des Pazifiks, deren Lebenswelten gänzlich zu verschwinden drohen. Weniger medial sichtbar sind sie in anderen Regionen durch lang anhaltende Dürren, unregelmäßige Niederschläge und somit Ernteausfälle, Versalzung von Böden oder durch wiederkehrende Naturkatastrophen, etwa in Asien oder im südlichen und östlichen

Afrika. In der Regel werden dadurch Menschen ihrer Lebensgrundlagen beraubt, häufig gerade jene, die wenig abgesichert sind, Ernte- und Einkommensschwankungen nicht ausgleichen können und über weniger Ressourcen verfügen. Die allermeisten, die durch den Klimawandel vertrieben werden, wählen nicht den Weg in andere Kontinente, sondern bleiben im eigenen Land oder in Nachbarländern, bei Freunden oder Verwandten oder versuchen sich an einem Wiederaufbau ihrer Lebensgrundlagen trotz widriger Umstände.

Solange es keinen übergreifenden internationalen Schutz gibt, braucht es verstärkt regionale Schutzmodelle, angepasst an die lokalen Gegebenheiten, wie sie im Pazifik derzeit entwickelt werden. Die Entwicklung solcher Modelle muss weiterhin auch durch Deutschland stark unterstützt werden.

Die Verschlechterung der Lebensbedingungen ist ein wesentlicher Grund für Vertreibung und eine Konsequenz unseres Lebensstils: der Raubbau durch extraktive Industrien, durch extensive Landwirtschaft, durch die Abholzung von Wäldern, durch kohlenstoffbasiertes Wachstum und den Energiehunger seit der industriellen Revolution. Auf diesen Missständen bauen unser Konsum, unser Alltag und unsere Bequemlichkeit auf.

Die Konsequenzen aus diesem Ressourcenhunger werden uns viel zu selten direkt bewusst, er treibt aber Menschen in anderen Weltregionen in die Armut und in die Vertreibung, zerstört Naturressourcen unwiederbringlich und verschärft Konflikte. All das schafft Fluchtgründe. Papst Franziskus hat in der Enzyklika *Laudato si* eindringlich darauf aufmerksam gemacht, dass der »Schrei der Armen und die Klage der Erde« immer hörbarer würden und zugleich gemeinsam gedacht werden müssten.

Es gibt Orte, an denen die Konflikte zwischen unserem Lebensstil und den damit verbundenen Konsequenzen direkt aufeinandertreffen. Häufig Orte, die zu wenig Öffentlichkeit bekommen und an denen Ausbeutung und menschenunwürdige Bedingungen den Alltag bestimmen.

In der Coronakrise sind die skandalösen Arbeitsbedingungen von Migranten in der europäischen und deutschen Fleischindustrie sichtbar geworden. Ähnliches wissen wir seit Jahren etwa von Erntehelfern in Südeuropa, deren irregulärer Arbeitsstatus Löhne ermöglicht, die das Wirtschaftssystem billigend in Kauf nimmt und die Verbraucher am Ende ebenfalls.

Jenseits von Europa finden sich ebensolche Orte, in denen unser Lebensstil mit der Ausbeutung anderer einhergeht und am Ende Perspektiven vor Ort erschwert, manche in Abhängigkeiten und andere in die Migration treibt. Dorthin werden die Folgen unseres Wirtschaftens externalisiert – aus den Augen, aus dem Sinn.

Zwei dieser Orte seien hier illustrierend genannt. Die Schiffsfriedhöfe in Indien und Bangladesch, in denen häufig Wanderarbeiter unter schwierigsten und gefährlichen Bedingungen Schiffswracks verschrotten – für geringen Lohn und unter Gefährdung ihrer Gesundheit, nicht selten auch durch asbesthaltige Altlasten. Hinzu kommt die Umweltbelastung durch Schweröl und andere Stoffe. Die Schiffe, die meist Eignern aus dem Norden gehören, sind zuvor unter allen denkbaren Flaggen (inklusive europäischer) über die Weltmeere gefahren und waren Teil des Welthandels. Die schlecht bezahlten Schiffsbesatzungen kamen aus den Ländern des Südens, und die Drecksarbeit des Abwrackens überlässt man, oft illegal, schließlich den Ärmsten, häufig sind es Migranten. Es sind nicht selten neokoloniale Strukturen, die günstigere Warenpreise in Europa und der westlichen Welt durch menschenunwürdige Bedingungen von Arbeit und die Aushöhlung von Menschenrechten ermöglichen.

Ein anderer solcher Ort, wo Flucht, Ausbeutung und Ressourcenabbau direkt zusammenwirken, sind die informellen Goldminen im Norden des Tschad, manche lassen sich nur zu Fuß oder auf Kamelen erreichen. Wegen der ungeregelten Verhältnisse und der Einflüsse verschiedener Machtinteressen flammen immer wieder Konflikte auf. Zehntausende Menschen arbeiten dort in einer Unzahl an kleineren und größeren Abbaustätten. Die Minen liegen an einer Migrationsroute nach Norden – nach Libyen, die aber wesentlich weniger bekannt ist als jene über Agadez im Nachbarland Niger. Manche Grubenarbeiter gehen zur Minenarbeit mit der Hoffnung auf ein Auskommen, andere enden über Schmuggler dort. Sie sollen sich die Schulden für den Grenzübertritt durch harte Arbeit verdienen.

Das aber ist Glückssache, denn Gold zu finden ist weder garantiert noch ungefährlich. Berichtet wird aus der Region, dass es auch einen anderen Weg gibt, der Lage zu entkommen, nämlich sich auszulösen, indem man Jugendliche aus ihrer Heimatregion anwirbt, in die Minen zu kommen. Ein zynisches Schneeballsystem: Rohstoffabbau, Ausbeutung, Flucht und Gewalt kommen hier unter einem Brennglas zusammen.

»Diese Wirtschaft tötet«, klagt Papst Franziskus in seinem Apostolischen Schreiben *Evangelii Gaudium.* Und mit Blick auf globale Lieferketten, die in Teilen nach wie vor auf Ausbeutung als Geschäftsmodell setzen, diese geradezu einkalkulieren, ist von dieser Aussage nichts zurückzunehmen. Wenngleich Bemühungen um ein Lieferkettengesetz und eine stärkere globale Verantwortung einzelner Unternehmen in die richtige Richtung weisen.

Zurück zur Konferenz der Vereinten Nationen in New York. Dort wird deutlich, dass Migration von einigen Staaten als Chance verstanden und definiert wird – als Chance für einen Austausch, aber insbesondere für Arbeitsmärkte. Viele OECD-Staaten befinden sich in einem großen demografischen Umbruch, Geburtenraten sinken, auf den eigenen Arbeitsmärkten bleiben zunehmend Stellen unbesetzt. In nicht wenigen Beiträgen zur Konferenz werden die essenziellen Verdienste von Migrantinnen und Migranten in der Gesundheitsversorgung und der Pflege gewürdigt, die während der Coronapandemie offen zutage getreten sind. Auch hier sind es oft schwierige Arbeitsbedingungen. Viele Akteure erwarten für die Zukunft ein großes Ringen um Migranten als Arbeitskräfte für die Arbeitsmärkte der Industrieländer, was den Blick auf Migration und das Wesen der Migration selbst grundsätzlich verändern wird.

Es wird darum gehen müssen, neue Wege zu eröffnen, die sicher sind für die Betroffenen und die die Interessen der Menschen selbst, der Herkunfts- wie der Aufnahmestaaten, berücksichtigen. Derzeit werden Migrantinnen und Migranten häufig als Ressource für die Arbeitsmärkte der OECD-Staaten gesehen, die die vorhandenen Lücken füllen sollen – nach den Bedürfnissen der aufnehmenden Länder. Gleichzeitig werden dadurch Lücken gerissen in den Arbeitsmärkten und gesellschaftlichen Systemen der Herkunftsländer.

Angesichts von Prognosen, dass sich die Bevölkerung mancher europäischen Länder in den nächsten 80 Jahren fast halbieren könnte und zugleich stark altern wird, sind die Herausforderungen groß und der Bedarf an Migration, etwa im Pflege- und Gesundheitsbereich, absehbar. Es kann dabei aber nicht einseitig um die Bedarfe der aufnehmenden Staaten gehen. Es wird ein System brauchen, das die Ausbildungskosten der Migrierenden mitberücksichtigt und gewährleistet, dass Wissen und Arbeitskraft nicht ohne Gegenleistung abwandern. Der Verweis auf Finanztransfers durch Migrantinnen und Migranten in ihre Heimatländer greift dabei viel zu kurz, da dies private und freiwillige Überweisungen sind, die man nicht ohne Weiteres in die Kosten-Nutzen-Abwägungen übernehmen kann. Es wird sehr darauf ankommen, wie Arbeitsmigration und Anwerbung vor Ort fair und gerecht gestaltet werden können. Bisher zeigt sich, dass legale Migration vor allem dort ermöglicht wird, wo die aufnehmenden Staaten ein starkes Eigeninteresse haben.

Unser Lebensstil und unsere Interessen in Europa bestimmen also darüber mit, welche Menschen einen Zugang zu diesem Kontinent und in den hiesigen Arbeitsmarkt haben. Das mag in Teilen politisch nachvollziehbar sein; zugleich besteht die Gefahr von neokolonialen Abhängigkeitsstrukturen und einem eurozentristischen Wirtschafts- und Entwicklungssystem.

Es braucht einen globaleren Blick auf Migration, der an die Wurzeln unseres Wachstumsmodells und unseres Lebensstils geht. Migration wird nach wie vor zu oft als Einbahnstraße zugunsten der Industriestaaten verstanden mit einem gönnerhaften Verhältnis den Migrierenden gegenüber. Wenn die Bundesregierung die Einrichtung eines Sonderbevollmächtigten für Migrationspartnerschaften vorsieht, so gilt es mit dieser Stelle aus der rein deutschen Perspektive herauszutreten und das gesamte Feld mit den Herkunfts- und Transitstaaten gemeinsam zu betrachten, vor allem aber müssen dort die Betroffenen selbst in den Mittelpunkt gestellt und gehört werden – ebenso wie die Zivilgesellschaft.

Ob in den Tagen von New York, ob an den beschriebenen fast vergessenen Orten, ob in den Hauptstädten der Welt, Migration wird letztlich nicht nur durch das gesteuert, was man Migrationspolitik nennt, sondern wohl noch stärker durch die notwendigen Transformationsprozesse, die vor uns liegen – eine sozialökologische Wende, die unseren Lebenswandel ernsthaft infrage stellt und strukturell Wirtschafts- und Wachstumsmodelle verändert. Es wird mehr Wertschöpfung in den Ländern des Globalen Südens brauchen und einen ernsthafteren Dialog über Migration als Chance für alle Seiten. In New York ist dieser Aufbruch wohl eher ausgeblieben.

Ziel bleibt: Anerkennung, Achtsamkeit und Wertschätzung verschiedener Lebenswelten, die die Erde zu einem gemeinsamen Haus machen, zu einem Ort des Zusammenlebens vieler Kulturen und unterschiedlicher Erfahrungen.

Pirmin Spiegel ist seit 2012 Hauptgeschäftsführer und Vorstandsvorsitzender des Bischöflichen Hilfswerkes Misereor. Von 1990 an hat er insgesamt 15 Jahre in Brasilien gelebt und gearbeitet.

Markus Kaltenborn

Bleibeperspektiven schaffen durch sozialen Basisschutz

Die Kriege in Syrien und in der Ukraine, aber auch die gewaltsamen Konflikte in anderen Teilen der Welt haben Millionen Menschen gezwungen, ihre Heimat zu verlassen. Staatliche Repressionen, Menschenrechtsverletzungen und die Sorge vor Verfolgung aus ethnisch-religiösen oder geschlechtsspezifischen Gründen führen ebenfalls dazu, dass viele Menschen sich auf den oftmals gefahrvollen Weg in eine Nachbarregion oder ins Ausland begeben. Zunehmend an Bedeutung gewinnt darüber hinaus eine weitere Fluchtursache: die wirtschaftliche Perspektivlosigkeit. Immer mehr Menschen fliehen zumeist aus Ländern des Globalen Südens nach Europa oder Nordamerika, weil sie sich dort für sich selbst und ihre Familien eine bessere Zukunft als in ihrer Heimat erhoffen. Armut, Hunger, Arbeitslosigkeit und eine nur unzureichende medizinische Versorgung sind in vielen Ländern weit verbreitet. Durch den Klimawandel verursachte Überschwemmungskatastrophen, Dürren und Wirbelstürme, aber auch Hungerkrisen, die durch Preisschwankungen auf dem Weltmarkt oder durch kriegsbedingte Lieferengpässe – wie zuletzt im Fall des Ukrainekriegs – ausgelöst werden, tragen zusätzlich dazu bei, dass Menschen sich aus wirtschaftlicher Not zur Flucht genötigt sehen.

In dem Bericht der Fachkommission Fluchtursachen werden unter anderem auch Wege aufgezeigt, wie auf diese Herausforderung der sogenannten Armuts- bzw. Wirtschaftsmigration zu reagieren ist. Dabei fällt ein Lösungsansatz auf, dem erst in jüngerer Zeit in der Entwicklungs- und Migrationspolitik größere Aufmerksamkeit geschenkt wird: dem sozialen Basisschutz. Die Kommission empfiehlt der Bundesregierung, »den Aufbau anpassungsfähiger sozialer Sicherungssysteme in den Partnerländern der Entwicklungszusammenarbeit und insbesondere in fragilen Kontexten voran(zu)treiben, um Armut nachhaltig zu reduzieren«. In der Tat können Sozialschutzsysteme einen ganz wesentlichen strukturellen Beitrag dazu leisten, dass Menschen eine Bleibeperspektive in ihrem Heimatland eröffnet wird. Hinter dem Begriff »soziale Sicherung« verbirgt sich eine Vielfalt an möglichen Instrumenten: Zu ihnen zählen die unterschiedlichen Formen der Sozialversicherung, etwa Kranken-, Arbeitslosen- oder Rentenversicherungen, mit denen auch wir in Europa gut vertraut sind. Gerade für die Länder des Globalen Südens, in denen der Anteil der Menschen sehr hoch ist, die im informellen Sektor, also in vertraglich ungesicherten Verhältnissen, tätig sind oder besonders verletzlichen Bevölkerungsgruppen angehören, sind darüber hinaus Grundsicherungsprogramme sehr wichtig. In Brasilien und Mexiko ist es gelungen, über Cash-transfer-Systeme große Teile der Bevölkerung sozial abzusichern. Dabei werden Bargeldbeträge an bedürftige Familien ausgezahlt, verknüpft mit der Bedingung, dass die Kinder die Schule besuchen und an regelmäßigen medizinischen Untersuchungen teilnehmen. In den meisten afrikanischen, süd- und südostasiatischen Ländern werden inzwischen ebenfalls solche Grundsicherungsprogramme genutzt; in einigen davon verzichtet man – abweichend von den lateinamerikanischen Vorbildern – auf die Einhaltung zusätzlicher Bedingungen. Auch öffentliche Beschäftigungsprogramme werden in manchen Ländern erfolgreich zur Einkommenssicherung der ärmeren Bevölkerung eingesetzt. Dennoch ist die Schutzlücke nach wie vor groß. Mehr als die Hälfte der Weltbevölkerung muss nach Angaben der Internationalen Arbeitsorganisation (ILO) immer noch ohne ausreichende soziale Sicherung auskommen. Auf dem afrikanischen Kontinent ist die Situation besonders problematisch – dort betrug 2021 der Anteil der Bevölkerung, die zumindest von einem Schutzprogramm profitiert (ohne Berücksichtigung der Gesundheitsversorgung), gerade einmal 17,4 Prozent. Zum Vergleich: In Deutschland beträgt dieser Anteil 99,5 Prozent.

Damit die Fluchtursache »Armut« dauerhaft und grundlegend bekämpft werden kann, bedarf es eines ganzen Bündels an Maßnahmen.

Allen voran sind umfangreiche Investitionen in die Bildungs- und Gesundheitssysteme und in die Schaffung von Arbeitsplätzen notwendig – drei Sektoren, die seit jeher zu den Schwerpunkten auch der deutschen Entwicklungszusammenarbeit zählen. Aber auch dem Ausbau der sozialen Sicherung sollte zukünftig ein ähnlich großes Gewicht zugemessen werden. Es gibt inzwischen zahlreiche Studien, wie mit Cash-transfer- und anderen Schutzprogrammen Armut gemindert werden kann. Zudem lassen sich mit ihnen auch positive Wirkungen für andere wichtige Entwicklungsziele wie die Geschlechtergerechtigkeit, den Kampf gegen Kinderarbeit oder den Abbau von Ungleichheiten erreichen, wie sie in den UN-Nachhaltigkeitszielen (Sustainable Development Goals) definiert sind. Nicht zuletzt sind soziale Sicherungsprogramme aber auch aus der Perspektive der Migrationssteuerung ein wichtiges Instrument, denn dort, wo sie erfolgreich implementiert worden sind, stellen sie einen bedeutenden Faktor für die langfristige Lebensplanung dar. Sozialschutzsysteme vermitteln Menschen die Gewissheit, dass sie sowohl im Alter als auch im Fall plötzlich auftretender individueller oder auch gesamtgesellschaftlicher Krisen aufgefangen werden und nicht befürchten müssen, in soziale Not zu geraten. Wer sicher davon ausgehen kann, dass er im Fall von Krankheit und Jobverlust oder aber auch bei Flut- und Dürrekatastrophenfällen sozial abgesichert ist, und wer darüber hinaus auch seine Familie ausreichend geschützt sieht, für den gibt es deutlich weniger Anreize, aus wirtschaftlichen Gründen die Heimat zu verlassen. Denn dass in einem anderen Land bessere wirtschaftliche und soziale Zukunftsperspektiven geboten werden, ist für viele Migrationswillige ja zumeist auch nicht mehr als eine zunächst sehr vage Hoffnung – zudem eine, die allzu oft bitter enttäuscht wird.

Auf das Schutzversprechen, das der Staat mit seinen Sozialprogrammen gibt, müssen sich die Menschen verlassen können – nur so kann tatsächlich eine echte Bleibeperspektive geschaffen werden. Deshalb ist es wichtig, dass die Leistungen dieser Programme gesetzlich festgelegt sind und, falls dies einmal notwendig sein sollte, von den Betroffenen auch rechtlich eingefordert werden können. Will man längerfristig sozialen Schutz garantieren, muss aber vor allem die Finanzierung gesichert sein. Die von der

ILO 2012 verabschiedeten Empfehlungen für sozialen Basisschutz (Social Protection Floors Recommendation), auf die auch die Fachkommission in ihrem Bericht Bezug nimmt, weist zu Recht darauf hin, dass der soziale Schutz eine Aufgabe ist, die jedes Land grundsätzlich aus eigenen Mitteln bewerkstelligen muss. Allerdings gibt es einige Staaten, die hierzu – zumindest in den nächsten Jahren – nicht in der Lage sein werden, da sie nicht über ausreichend Steuereinnahmen oder andere finanzielle Ressourcen verfügen. Deren Regierungen werden sich um eine Verbesserung der Einnahmesituation bemühen müssen, werden die Korruption bekämpfen, gegen Steuerflucht vorgehen und unter Umständen auch manche Ausgabenposten umschichten müssen. All diese Maßnahmen sind mit großen Anstrengungen verbunden und lassen sich nicht innerhalb kurzer Zeit umsetzen. Daher sind jedenfalls einige Länder für einen Übergangszeitraum zwingend auf internationale Unterstützung angewiesen. Damit auch sie ihren Einwohnerinnen und Einwohnern ein Mindestmaß an Sozialschutz bieten können, hat der UN-Sonderberichterstatter für extreme Armut und Menschenrechte empfohlen, einen globalen Fonds für soziale Sicherheit einzurichten. Über diesen Fonds könnte eine international koordinierte, zeitlich begrenzte Kofinanzierung der in Niedrigeinkommensländern eingerichteten sozialen Basisschutzsysteme (Social Protection Floors) erfolgen. Außerdem ließe sich auf diese Weise sicherstellen, dass dieser Basisschutz nicht wieder aufgegeben werden muss, wenn aufgrund von Pandemien oder Naturkatastrophen unerwartete finanzielle Engpässe auftreten.

Die Idee, mithilfe eines globalen Fonds für soziale Sicherheit einen Beitrag zur Stärkung gesellschaftlicher Krisenresilienz und zur Bekämpfung von Armut und Ungleichheit zu leisten, wird vom UN-Generalsekretär und von zahlreichen zivilgesellschaftlichen Organisationen unterstützt. Auch im UN-Menschenrechtsrat hat der Vorschlag des Sonderberichterstatters viel Zuspruch erfahren. Die deutschen Regierungsparteien haben 2021 das Vorhaben sogar ausdrücklich in ihren Koalitionsvertrag aufgenommen. Nachdem die Fachkommission Fluchtursachen wertvolle analytische Grundlagenarbeit geleistet und konkrete migrations- und entwicklungspolitische Handlungsempfehlungen formuliert hat, wird sich die Bundesregierung – wenn auch unter zunehmend erschwerten globalen Rahmenbedingungen – um die Umsetzung und Weiterentwicklung dieser Ratschläge kümmern müssen. Soziale Sicherung ist eine wichtige Komponente des Maßnahmenbündels, mit dessen Hilfe für Menschen, die in krisengeschüttelten oder ärmeren Weltregionen leben, Bleibeperspektiven geschaffen werden können – und mit dem Konzept zur Einrichtung eines globalen Fonds liegt ein Vorschlag vor, wie die internationale Gemeinschaft effizient und auf partnerschaftliche Weise Unterstützung beim Aufbau dieser Sozialschutzsysteme leisten kann. Dies sollte von Deutschland aus konsequent unterstützt werden.

Dr. Markus Kaltenborn ist Professor für Öffentliches Recht an der Juristischen Fakultät der Ruhr-Universität Bochum und dort Direktor des Instituts für Entwicklungsforschung und Entwicklungspolitik.

Mathias Mogge

Hunger und Flucht

2021 hatten bis zu 811 Millionen Menschen nicht genug zu essen. Angesichts des Ziels der Weltgemeinschaft, den Hunger bis 2030 zu beseitigen, ist das eine bittere Bilanz. Dort, wo sich der Hunger verschärft, verschärfen sich auch Fluchtgründe. Hunger kann eine wichtige Rolle bei der Entscheidung spielen, ob, wann und wohin Menschen fliehen: Die Kürzungen bei Mitteln der Vereinten Nationen, unter anderem für Nahrungsmittelhilfe, waren 2015 ein wesentlicher Auslöser der Flucht vieler Syrerinnen und Syrer nach Europa. Für die Migrationsbewegungen aus Zentralamerika ist Hunger eine wesentliche Ursache. Die regionale Ernährungskrise am Horn von Afrika führte 2017 zu einem starken Anstieg der Binnenflucht. Hunger ist aber nicht nur Ursache von Flucht, sondern oft auch die Folge. So hat sich die schwierige Lage der staatenlosen Rohingya aus Myanmar seit ihrer Flucht immer weiter zugespitzt, denn viele von ihnen leiden auch in Bangladesch unter Ernährungsunsicherheit.

In der öffentlichen Diskussion zu Flucht werden in aller Regel die Zahlen derer genannt, die aufgrund von Konflikten und Gewalt flüchten – international oder innerhalb ihres Landes. Die Millionen von Menschen, die wegen der Folgen des Klimawandels, Hunger oder extremer Armut ihr Zuhause verlassen müssen, werden kaum oder gar nicht mit dem Begriff Flucht assoziiert – wodurch deren dramatische Lage zu wenig Aufmerksamkeit erhält.

Die Situation am Horn von Afrika zeigt exemplarisch die Komplexität der sich überlagernden und sich gegenseitig verschärfenden Krisen. Die Menschen in Äthiopien und Somalia leiden unter einer der schlimmsten Dürren seit Jahrzehnten – eine Folge des Klimawandels: Viehherden verdursten oder verhungern. Um dem zu entgehen, ziehen Bauern mit ihren Tieren in andere Gebiete. Damit verschärfen sie häufig die Situation für die bereits dort ansässigen Vieh- oder Ackerbauern. Dies führt potenziell zur Verstärkung oder Entstehung von Konflikten um die verbliebenen knappen Ressourcen. Je länger die Dürre andauert, umso eher suchen sich Menschen, die bislang in der Landwirtschaft gearbeitet haben, eine neue, vermeintlich aussichtsreichere Art der Beschäftigung außerhalb der Landwirtschaft. Dies kann die Selbstversorgungskapazitäten schwächen und neue Abhängigkeiten schaffen. Dürren bedeuten in der Regel auch steigende Mangelernährung. Kinder leiden ganz besonders unter akuter Mangelernährung. Hält diese über einen längeren Zeitraum an, kann sie chronisch werden. Chronische Mangelernährung führt tendenziell zu einer reduzierten körperlichen und geistigen Leistungsfähigkeit und bei Kindern oft zu lebenslangen Gesundheitsschäden. Dadurch sinken Bildungschancen und somit auch die gesamtgesellschaftliche Chance auf sozioökonomische Fortschritte, das Armutsrisiko steigt.

Erheblich zur Verschärfung des Hungers können auch Preisentwicklungen beitragen. Seit Beginn der Coronapandemie schwanken die Nahrungsmittelpreise weltweit stark und sind nach einem Höhepunkt im Jahr 2011 erneut deutlich gestiegen. Die Pandemie hat weltweit Lieferketten unterbrochen, die Arbeitslosigkeit vergrößert und so die finanziellen Reserven vieler Menschen aufgezehrt.

Zu Beginn des Jahres 2022, also bereits vor der russischen Invasion in die Ukraine, hatten die Nahrungsmittelpreise ein Allzeithoch erreicht. Die Auswirkungen sind vor allem in den ärmsten Ländern im Globalen Süden katastrophal. Armut, Hunger und Perspektivlosigkeit sind Gründe dafür, dass Menschen ihre Heimat verlassen. 1,8 Milliarden Menschen weltweit müssen mit weniger als drei Dollar pro Tag überleben. Viele von ihnen müssen aber bis zu zwei Drittel ihres Einkommens für Ernährung ausgeben. Da wird jede kleinste Preiserhöhung eine Frage des Überlebens. Die akute Hungerkrise droht sich zu verstetigen: Wenn von Hunger geschwächte Landwirtinnen und Landwirte in Entwicklungsländern sich Saatgut und Dünger nicht leisten können, werden Anbau und Ernten schrumpfen – Armut und Hunger aber wachsen. Der teuflische Kreislauf des Hungers setzt sich fort.

Auch gewaltsame Konflikte sind in vielen Regionen Hauptursache für Ernährungskrisen. In acht von zehn am stärksten von Hunger betroffenen Ländern tragen sie maßgeblich zur Verschärfung von Hunger bei. Konflikte beeinträchtigen fast jeden Teil innerhalb eines Ernährungssystems – vom Anbau über die Ernte, die Verarbeitung und den Transport bis hin zur Versorgung mit Betriebsmitteln, Finanzierung, Vermarktung und zum Konsum. Der russische Angriffskrieg gegen die Ukraine zeigt, dass die Auswirkungen von kriegerischen Auseinandersetzungen nicht nur regional beschränkt bleiben. Fast ein Drittel des global gehandelten Weizens sowie rund 60 Prozent des Sonnenblumenöls und 15 Prozent der Maislieferungen kommen aus Russland und der Ukraine. Im Frühsommer 2022 stellt sich die Situation wie folgt dar: Aufgrund des Krieges stocken nicht nur kurzfristig die Exporte aus der Region, es werden auch reduzierte Produktionskapazitäten in der Ukraine erwartet. Zwar werden vereinzelt noch Lebensmittel und landwirtschaftliche Produkte aus Russland mit »befreundeten Staaten« gehandelt, doch diese kommen kaum noch auf den üblichen Wegen durch das Schwarze Meer in Richtung Afrika, in den Nahen und Mittleren Osten bis nach Asien. Die Lieferungen sind unsicher und teuer geworden. In der Ukraine sind die Häfen blockiert, viele Anlagen zerstört, Schiffe können nicht auslaufen. Der Transport ist fast völlig zum Erliegen gekommen. Lediglich über die Schiene oder Straße werden noch kleinere Mengen exportiert. Außerdem steht die Ernte des Winterweizens im Juli an, die Aussaat für Mais und Sonnenblumen sollte jetzt stattfinden. Wenn diese unterbleibt – ob aufgrund der Kampfhandlungen oder weil es an Arbeiterinnen und Arbeitern, Maschinen oder Treibstoff fehlt –, drohen Teile der nächsten Ernten verloren zu gehen. Schon jetzt ist von einem Exportrückgang aus der Ukraine von 30 Prozent auszugehen. Sollten die Kämpfe andauern, könnten sogar 40 bis 60 Prozent der Exporte ausfallen. Laut Schätzungen des World Food Program der Vereinten Nationen könnten 47 Millionen Menschen durch den Krieg gegen die Ukraine in eine Hungerkrise getrieben werden. Dass die Europäische Union während des Krieges gegen die Ukraine durch die Aufgabe ökologisch wichtiger Flächen einspringen will, um einen Teil der fehlenden Lieferungen aus der Ukraine zu kompensieren, ist sehr kurzfristig gedacht. Zudem handelt es sich um maximal vier Prozent der Agrarfläche. Die Mehrerträge würden kaum dazu beitragen, die Getreidepreise jetzt zu senken.

Um Fluchtursachen zu überwinden und Schutzsuchende zu unterstützen, sollten deutlich mehr Mittel in die Prävention von Konflikten und Krisen investiert werden. Bei der Schaffung resilienter Ernährungssysteme muss Friedensförderung integriert werden und umgekehrt. Außerdem müssen Konflikte durch politisches Handeln sowie durch gesellschaftliche Veränderungen gelöst und die Rechenschaftspflicht bei Verstößen gegen das Recht auf Nahrung auch in Konfliktsituationen sichergestellt werden. Und: Wenn Nahrungsmittel im Einkauf um 30 Prozent teurer sind, benötigen Hilfsorganisationen auch mindestens 30 Prozent mehr finanzielle Mittel. Dabei ist noch nicht berücksichtigt, dass die bisherigen Budgets für diesen Bereich schon seit Jahren nicht ausgereicht haben, um angemessen unterstützen zu können. Das World Food Program etwa musste bereits Hilfsrationen im Jemen reduzieren.

Humanitäre Hilfe kann ein besonderes Augenmerk auf intern Vertriebene richten, um ihnen Zugang zu Hilfe und Schutz zu ermöglichen. Die meisten geflüchteten Menschen werden in anderen Regionen ihrer Heimat oder in angrenzenden Nachbarländern aufgenommen. Dies geschieht meistens in Afrika und Asien. Ärmere Länder gelangen dadurch schnell an Grenzen ihrer Kapazitäten, denn zur Versorgung gehören nicht nur Unterbringung und Ernährung, sondern auch Sicherheit und weitergehende Angebote wie Bildung und Ausbildung oder Zugang zum Arbeitsmarkt und Rechtsberatung.

Unsere Arbeit bei der Welthungerhilfe zeigt: Projekte zur gesellschaftlichen und landwirtschaftlichen Entwicklung sowie Maßnahmen gegen die Auswirkungen des Klimawandels können dazu beitragen, dass Menschen widerstandsfähiger werden und ein selbstbestimmtes Leben führen können. Entwicklungszusammenarbeit kann Arbeitsmöglichkeiten in den Herkunftsländern schaffen, etwa durch Investitionen in Infrastruktur und ländliche Entwicklung sowie durch berufliche Bildungsangebote und die Unterstützung von Unternehmensgründungen. Die Förderung lokaler oder regionaler Wertschöpfungsketten, insbesondere in der Verarbeitung landwirtschaftlicher Produkte, kann zu einer deutlichen Zunahme von Beschäftigungsmöglichkeiten im ländlichen Raum führen und so vor Ort neue Perspektiven eröffnen. Für das Grundprinzip der Hilfe zur Selbsthilfe sind lokale, nationale Partnerorganisationen oft von großer Bedeutung, denn von schneller Katastrophenhilfe über den Wiederaufbau bis zu langfristigen Projekten der Entwicklungszusammenarbeit unterstützen sie bei einer inklusiven und gerechten Entwicklung.

Neben mittel- und langfristigen Investitionen in die entwicklungspolitische Zusammenarbeit und sofortiger, entschlossener finanzieller Unterstützung müssen sich politische Entscheidungsträgerinnen und Entscheidungsträger bei allen Maßnahmen an den Nachhaltigkeitszielen der Vereinten Nationen (Sustainable Development Goals) orientieren, um die Hungerkrise zu entschärfen. Einzelne Staaten dürfen keine kurzsichtigen politischen Maßnahmen ergreifen, die die Preissteigerungen für Getreide und Lebensmittel und deren globale Knappheit verschärfen. Insbesondere die Preisspitzen von 2007/08 und 2010/11 sowie die Erfahrungen mit der Coronapandemie haben gezeigt, dass solche Maßnahmen – wie Exportbeschränkungen oder übermäßige Einlagerung – schwerwiegende negative Folgen für die Welternährung haben können. Um die Ernährungsunsicherheit zu überwinden, braucht es Maßnahmen, die den Handel mit Nahrungs- und Düngemitteln offen halten und die Auswirkungen hoher Preise durch gezielte Unterstützung wie Einkommenstransfers und humanitäre Hilfe abmildern.

Um die landwirtschaftliche Entwicklung in den Ländern des Globalen Südens endlich zu verbessern, müssen Nachernteverluste durch schlechte Lagerung, Tier- oder Schädlingsbefall verringert werden. Eine standortgerechte Landwirtschaft, der Anbau von dürre- und krankheitstoleranten Nutzpflanzensorten sowie der lokale und regionale Handel mit Nahrungsmitteln müssen gestärkt und somit die Importabhängigkeit gesenkt werden. Diese Transformation muss in einer langfristigen, engen und gleichberechtigten Entwicklungspartnerschaft mit den von Hunger betroffenen Ländern erfolgen. Es muss dringend mehr getan werden, um die Selbstversorgungsrate im Globalen Süden zu stärken. Auf der einen Seite muss das entwicklungspolitische Engagement für ländliche Regionen ausgebaut werden, andererseits stehen auch die von Hunger betroffenen Länder in der Pflicht. Das vor rund 20 Jahren von der afrikanischen Staatengemeinschaft in der Maputo-Erklärung festgehaltene Ziel, zehn Prozent des nationalen Haushalts für die Entwicklung der Landwirtschaft und, damit einhergehend, höhere Ernährungssicherheit zu investieren, ist noch lange nicht erreicht. Das panafrikanische Streben der Agenda 2063 (2013 von der Afrikanischen Union verabschiedet) mit dem Fokus auf die integrative soziale und wirtschaftliche Entwicklung sowie die kontinentale und regionale Integration stockt ebenso.

Bereits 2009 hatten die G8-Staaten auf ihrem Gipfel in L'Aquila beschlossen, Kleinbäuerinnen und Kleinbauern intensiver zu unterstützen – konkrete Erfolge blieben aus. 2015 war es das erklärte G7-Ziel in Elmau, 500 Millionen Menschen bis 2030 aus dem Hunger zu holen – stattdessen steigen die Zahlen seit 2015 wieder an. Die G7 müssen Hungerbekämpfung strukturell angehen und dafür klare finanzielle und politische Weichen stellen. Auch Deutschland muss seine Ausgaben weiter steigern. Nach Berechnungen aus dem Jahr 2020, wie man das Ziel, den Hunger zu beenden, erreichen könnte, müssten die Industrieländer zusätzlich 14 Milliarden US-Dollar pro Jahr für Ernährungssicherung und die Transformation des gesamten Ernährungssystems beisteuern. Hunger ist das größte lösbare Problem der Welt. Jede Verzögerung bei den Ausgaben wird nicht nur die Gesamtkosten erhöhen, sondern auch Fluchtursachen verschärfen und Menschenleben kosten.

Mathias Mogge ist Generalsekretär und Vorstandsvorsitzender der Deutschen Welthungerhilfe e.V. sowie Vorstandsvorsitzender des Verbands Entwicklungspolitik und Humanitäre Hilfe deutscher Nichtregierungsorganisationen e.V. (VENRO). Außerdem ist er Mitglied im Kuratorium der Aid by Trade Foundation.

Rudolf Buntzel

EU-Agrarpolitik darf nicht zu Fluchtursachen beitragen

Migrantinnen und Migranten, die »irregulär« nach Europa aus Entwicklungs- und Schwellenländern einwandern, sehen sich entweder durch wirtschaftliche Perspektivlosigkeit oder eine ökologisch bedingte Zwangslage zur Flucht veranlasst, oder sie werden vom europäischen Wohlstand angezogen. Meist sind es mehrere Faktoren. Aber diese Gründe gelten für die Europäische Union nicht als legale Einwanderungsgründe. Dabei sind manche Menschen auch auf der Flucht vor den Folgen einer falschen Politik der EU, für die wir selbst mit verantwortlich sind.

Es herrscht ein breiter Konsens darüber, dass von unserem politischen Wirken und unseren Handelsbeziehungen kein Schaden für sozial schwache Gruppen in armen und fragilen Ländern ausgehen sollte (do not harm principle). Ist das bei der Gemeinsamen Agrarpolitik (GAP) der EU der Fall?

Die GAP und die sie begleitende Handelspolitik fallen in die alleinige Zuständigkeit der EU. Die GAP dient in erster Linie der Regelung EU-eigener Probleme. Sie wird getrieben von den Lobbyinteressen des europäischen Agrobusiness. Nur das Geschäft zählt. Mögliche negative Außenwirkungen werden als nebensächlich angesehen oder gar nicht bedacht. Doch Agrarhandel kann auch den Lebensunterhalt armer Menschen in Entwicklungsländern untergraben und damit zu Fluchtursachen beitragen.

Bauern und Bäuerinnen, Fischer und Viehhirten stellen die überwiegende Mehrheit der wirtschaftlich aktiven Bevölkerung Afrikas; sie zählen auch zu den Ärmsten in der Gesellschaft. Um Flüchtlingsströme einzudämmen, müsste die EU für faire Agrarhandelsbeziehungen sorgen, wirksamer gegenüber den externen negativen Wirkungen unserer Agrarpolitik vorgehen und dabei auch Abstriche von unserem wirtschaftlichen Eigennutz in diesen Politikbereichen vornehmen.

Als größter Importeur von Agrar- und Ernährungsgütern auf der Welt und als größter Agrarexporteur hat die EU mit der GAP zwangsläufig großen Einfluss auf die Handelspartner, die Weltagrarmärkte und die Welternährungslage. Nichts, was sie in diesem Bereich tut, ist für die anderen neutral.

Dass die GAP erhebliche externe Auswirkungen hat, für die die EU Verantwortung übernehmen müsste, wurde erst nach und nach anerkannt. Vertreterinnen und Vertreter der Agrarpolitik und der Wirtschaft sind darin geübt, mögliche Konflikte zwischen Entwicklungspolitik und der GAP kleinzureden. Die EU-Weltmarkteroberung wird beispielsweise als wichtiger Beitrag der EU zur Welternährung schöngeredet. Die Kritik an den hohen EU-Agrarzöllen wird mit Verweis auf die großzügigen Zollerleichterungen für Entwicklungsländer abgewiegelt. Die hohen Agrarsubventionen an die europäische Landwirtschaft haben angeblich keine oder nur minimale »handelsverzerrende« Wirkung. So waren die externen Auswirkungen lange keine politisch relevante Größe in der Auseinandersetzung um die Zukunft von der GAP. Ihre Bedeutung als mögliche Fluchtursache blieb entsprechend unbeachtet.

Erst der EU-Vertrag von Lissabon von 2009 hat formell das PCD-Prinzip (Policy Coherence for Development) bestätigt, wonach alle EU-Politikbereiche die Ziele der Entwicklungspolitik berücksichtigen müssen. In der politischen Auseinandersetzung stellte sich das Prinzip allerdings bisher als wirkungslos heraus.

Direkte Zusammenhänge zwischen einem schädlichen Agrarhandelsstrom und einer Flüchtlingswelle sind selten auszumachen. Dafür sind die Gründe, die letztendlich den Einzelnen entscheiden lassen, sich auf den Weg nach Europa zu machen, zu vielschichtig. Eine persönliche Verarmung ist nicht allein entscheidend, zumal eher die Bessergestellten, die es sich überhaupt leisten können und sich körperlich dazu in der Lage fühlen, auf der Suche nach einer besseren Zukunft die Flucht antreten.

Die Migrantinnen und Migranten sind meist selbst keine Landwirte mehr, sondern eher deren arbeitslose, perspektivlose Nachkommen. Ausschlaggebend ist meist die allgemeine wirtschaftliche Situation eines Landes. Zu dieser allerdings trägt die Agrarpolitik der EU bei.

Die Schwerpunkte der Auseinandersetzung um die möglichen schädlichen Wirkungen der GAP haben sich im Laufe der Zeit verschoben. In den 1970er- und 1980er-Jahren fühlten sich die betroffenen Entwicklungsländer von dem Agrarprotektionismus der EU benachteiligt. Die generell hohen Agrarzölle der EU auf Nahrungsmittel, die Zolleskalation und die speziellen Verbrauchssteuern etwa auf Kaffee, Kakao und Kautschuk behinderten den Zugang der Entwicklungsländer zu europäischen Agrarmärkten. Quotensysteme beispielsweise bei Milch und Zucker ließen Importe so gut wie überhaupt nicht zu. Bei Baumwolle, Reis und Tabak sowie dem gängigen System der EU-Zollkontingente auf Agrarprodukte war der Import mengenmäßig stark begrenzt.

Mitte der 1980er-Jahre trat zunehmend die Diskussion über die aggressive Agrarexportstrategie der EU in den Vordergrund. Das Anwachsen der riesigen Agrarüberschüsse in der EU – die Milchseen und Butterberge, Getreidehalden und überquellenden Kühlhäuser voll Rindfleisch – führte zu umstrittenen Programmen der Überschussbeseitigung, welche dann die Grundlage für eine systematischere Exportoffensive bildeten. Zur Lösung der Krise der europäischen Landwirtschaft zielte die GAP auf die Eroberung von Überseemärkten für europäische Agrarerzeugnisse. Ermöglicht wurde das mithilfe enormer Summen von EU-Geldern für Exportsubventionen.

EU-Agrarexportsubventionen von Fertigprodukten und gleichzeitig steigende EU-Importzöllen je nach Verarbeitungsgrad der Produkte wirken sich besonders auf die Arbeitsmöglichkeiten junger Frauen und Männer in Entwicklungsländern aus, denn die Weiterverarbeitung von Agrarerzeugnissen, die vor Ort angebaut werden, bietet gute Erwerbschancen. Neben dem Haupterwerb in der Landwirtschaft oder Fischerei stellt die kleinteilige Verarbeitung auf dem Dorf eine wichtige Zuerwerbsquelle dar. Es wird sortiert, konserviert, geschlachtet, portioniert, Milch zu Joghurt oder Käse verarbeitet, Fisch und Fleisch getrocknet oder geräuchert – und all das vermarktet. Solche Aktivitäten erfordern geringe Investitionen und ermöglichen eine schnelle Kreditrückzahlung. Die afrikanischen Supermärkte sind jedoch voll von konkurrierenden europäischen Fertigprodukten.

Die meisten der betroffenen afrikanischen Länder gehören als ehemalige Kolonien von EU-Mitgliedsländern der AKP-Ländergruppe (Afrika, Karibik, Pazifik) an. Sie unterhielten und unterhalten spezielle Wirtschaftsbeziehungen mit der EU, zuerst im Rahmen des Lomé-Abkommens, dann des Cotonou-Abkommens und neuerdings der Economic Partnership Agreements (EPA). Unter anderem gewähren die EPAs den AKP-Ländern zwar besondere Zugangsbedingungen für ihre tropischen Agrarerzeugnisse auf dem EU-Markt. Jedoch hat dies auch einen Pferdefuß: Unter den EPAs sind die AKP-Länder gezwungen, ihre Zölle für 80 Prozent der europäischen Waren abzuschaffen und die Agrarzölle nicht zu erhöhen. Die Grenzen waren nun für EU-Agrarerzeugnisse weitgehend offen. Die afrikanischen, karibischen und pazifischen Kleinbauern müssen mit dem EU-Agrobusiness auf ihren heimischen Märkten konkurrieren – ein sehr ungleicher Wettbewerb, den sie nur verlieren können.

Entsprechend schwierig ist es für die Wirtschaftsgemeinschaften Afrikas, einen gemeinsamen Binnenmarkt für Agrarprodukte zu entwickeln. Sie bleiben abhängig vom Export ihrer tropischen Agrarprodukte und Rohstoffe, und ein großer Teil ihrer Versorgung mit Nahrungsmitteln erfolgt durch die EU und die anderen großen Agrarexportnationen. So sind von 15 Hauptfluchtländern Afrikas zwölf Nettoimporteure von Nahrungsmitteln.

In den Nahrungsmittel-Importländern profitieren durchaus städtische Kreise von den billigen Importnahrungsmitteln aus der EU. Die einheimische Landwirtschaft, die für die Eigenversorgung produziert, wird aber vernachlässigt. Fast durchgängig erhalten Landwirte in den Entwicklungsländern für ihre Agrarerzeugnisse Preise, die niedriger sind als die Weltmarktpreise. Steuern auf Agrarexporte sind in vielen Entwicklungsländern die Haupteinnahmequelle des Staatshaushalts. Die öffentlichen Infrastrukturinvestitionen auf dem Lande sind spärlich und mangelhaft. Vermarktungseinrichtungen für die Binnenversorgung mit Nahrungsmitteln sind in einem denkbar schlechten Zustand. Immer weniger Menschen auf dem Land wollen noch weiter in der Landwirtschaft tätig sein, denn die Verdienstmöglichkeiten sind gering, fragil und mühselig. Aber Alternativen gibt es für sie dort auch so gut wie keine. Natürlich sind nicht nur die Wirtschaftsbeziehungen mit der EU an der Misere der Landwirtschaft schuld. Den Regierungen der Entwicklungsländer selbst liegt wenig an ihrer Agrarentwicklung. Die politische Macht liegt nicht bei den Bauern und Bäuerinnen, sondern bei den Städtern. Solange billige Nahrungsmittel auf dem Weltmarkt zu erhalten sind, ist für die städtischen Eliten die Vernachlässigung der eigenen Landwirtschaft kaum von politischer Bedeutung.

Zur Entstehung dieser verzerrten Grundstruktur der Wirtschaftsbeziehungen haben die riesigen Summen direkter Exportsubventionen im Rahmen der GAP beigetragen. Diese betrugen 1992 in der Spitze 15,6 Milliarden ECU (Vorläufer des Euro) jährlich, davon gingen 46,5 Prozent an Lieferungen in Entwicklungsländer. Bis 2013 wurden diese Exportsubventionen der EU zwar abgebaut, aber die EU-Exporte gingen trotzdem nicht zurück. Die Abhängigkeiten waren geschaffen, sodass weitere Exportsubventionen unnötig wurden. Erst härteste Auseinandersetzungen mit anderen Agrarexportnationen erzwangen die Rücknahme dieser direkten Exportsubventionen. Ausgefochten wurde dies bei den Agrarverhandlungen der Welthandelsorganisation (World Trade Organization, WTO).

Die europäische Ernährungswirtschaft begründet ihre Exporterfolge mit der internationalen Konkurrenzfähigkeit der EU-Landwirtschaft und ihren effizienten Lieferketten. Unfaire Dumpingexporte und ein EU-Agrarprotektionismus werden bestritten. Dass die GAP jährlich 50 Milliarden Euro kostet, habe angeblich keine Auswirkungen auf die Agraraußenbeziehungen, weil die Subventionen den Bauern direkt und unabhängig von der Produktionsmenge gegeben werden. So die offizielle Lesart.

Tatsächlich wurden die am stärksten handelsverzerrenden Politikinstrumente der GAP in den vergangenen 20 Jahren Stück für Stück abgebaut, so die direkten Exportsubventionen, Marktinterventionssysteme,

Produktionsquoten, Exportfördermaßnahmen, gekoppelte Direktzahlungen und nicht tarifäre Zölle. Angesichts der Tatsache, dass die europäischen Landwirte 30 Prozent ihres Einkommens direkt vom Staat beziehen, erscheint es jedoch nicht plausibel, wenn behauptet wird, diese Unterstützung habe nichts damit zu tun, dass die EU weiterhin Agrarexportweltmeister ist und sogar ihre Weltmarktanteile noch weiter ausdehnt. Im Vergleich zu der starken Unterstützung der Agrarwirtschaft der EU erhalten die Landwirte der Nettonahrungsmittel-Importländer so gut wie keine Unterstützungen. Damit sind sie nicht konkurrenzfähig, und defensive Handelsmaßnahmen wie Importzölle zum Schutz der eigenen Landwirtschaft sind kaum mehr möglich, denn diese sind durch bilaterale Handelsverträge und durch die WTO-Verträge eingefroren beziehungsweise werden gesenkt.

Auch wenn die jetzige EU-Agrarpolitik die WTO-Handelsregeln einhält oder – gemessen am Freihandel – »fairer« ist als früher, ist sie trotzdem nicht unschädlich, weil der Freihandel selbst unter so ungleichen Bedingungen kaum »fair« sein kann. Die EU-Agrarpolitik – zusammen mit den kolonialbedingten Abhängigkeiten – hat über die Dekaden hinweg so tiefgreifende deformierende Wirkungen entfacht, dass die Abhängigkeiten strukturell verankert sind. Wenn Länder, die im Grunde Agrargesellschaften sind, von außen ernährt werden müssen, weil ihnen aufgrund von Wettbewerbsverzerrungen die Grundlage für die eigene Nahrungsproduktion und das Erzielen ausreichender Einkommen aus der Landwirtschaft entzogen wurde, dann muss Europa sich über Flüchtlingsströme nicht wundern.

Um die GAP auch entwicklungspolitisch auszurichten, ist ihre grundlegende Reform vonnöten, deren zentraler Pfeiler die Verhinderung von Dumping sein muss. Die Flächensubventionen der EU für Ackerflächen, auf denen Produkte angebaut werden, die exportiert werden, müssen eingestellt werden. Ebenso müssen Importzölle auf Agrarprodukte, die von der EU exportiert werden, auslaufen. Frei werdende öffentliche Mittel der GAP müssen dafür verwandt werden, die Welternährung effektiv zu stärken, unter anderem mit einer qualifizierten Politik der Nahrungsmittelhilfe. Der Selbstversorgungsgrad armer Nettoagrarimportländer muss erhöht werden, und ihnen muss eine handelspolitische »Spezielle Schutz-klausel« zugestanden werden, die ihnen die Freiheit lässt, ihre Landwirt-schaft zu unterstützen und vor Billigimporten zu schützen. Diese Freiheit darf dann auch durch bilaterale Handelsverträge nicht »wegverhandelt« werden.

Dr. Rudolf Buntzel ist Ökonom und hat 35 Jahre im Entwicklungsdienst der Evangelischen Kirche gearbeitet. Seine Schwerpunkte sind Agrarhandel, Armutsbekämpfung und Agrarökologie im globalen Süden. Er hatte Lehrauf-träge an verschiedenen Universitäten Afrikas.

Hans-Joachim Preuß

Klimawandel und globale Wanderungsbewegungen

Naturkatastrophen wie Überschwemmungen, Stürme und Dürren oder bewaffnete Auseinandersetzungen führen genauso plötzlich, wie sie entstehen, dazu, dass Menschen zeitweise oder dauerhaft in nicht betroffene Regionen oder andere Länder fliehen. Die Auslöser solcher Wanderungsbewegungen sind leicht zu erklären und nachvollziehbar. Den Konsequenzen lässt sich mit professionellen Maßnahmen der humanitären Hilfe und des Wiederaufbaus wirkungsvoll begegnen.

Ganz anders verhält es sich mit schleichenden und nicht linearen Verschlechterungen der Lebensumstände, die auf Effekte des Klimawandels wie Desertifikation, Ausmaß und Regelmäßigkeit von Niederschlägen oder den Anstieg des Meeresspiegels zurückzuführen sind. Ein unmittelbarer Zusammenhang zwischen klimatischen Parametern und dem Verlassen der Heimat lässt sich hier nur schwer herleiten. Denn einerseits stellen diese Phänomene nur einen Teil eines komplexen Ursachenbündels für die individuelle Entscheidung zum Aufbruch dar. Zum anderen reagieren die jeweils betroffenen Bevölkerungsgruppen mit vielfältigen Anpassungen auf die Verschlechterung ihres Umfelds, bevor als Ausweg Flucht oder Migration gewählt wird.

Entwicklungs- und Migrationspolitik in Industrie-, Schwellen- und Entwicklungsländern stehen daher nicht nur vor der Herausforderung, Ausmaß und Richtung klimabedingter Wanderungsbewegungen zu erfassen und zu prognostizieren, sondern auch vor der Frage, mit welchen Instrumenten und Maßnahmen Umwelt- oder Klimaflucht zu begegnen ist. Davon unbenommen ist die Forderung an die Industriestaaten, alles Erdenkliche zur Reduktion der Treibhausgase zu unternehmen.

In den letzten Jahren wurden weltweit die höchsten Temperaturen seit Beginn der meteorologischen Aufzeichnungen gemessen. 90 Prozent der Hitze speichern die Weltmeere. Zusammen mit dem Abschmelzen von Polareis und Gletschern führte dies seit 2013 zu einem Anstieg des Meeresspiegels von 4,5 Millimetern pro Jahr, wesentlich schneller als noch vor einem Vierteljahrhundert.

Durch den Eintrag von Kohlendioxid hat sich die Versauerung der Ozeane erhöht und damit gleichzeitig ihre Aufnahmekapazität für dieses Treibhausgas reduziert. Trotz der Coronapandemie, die aufgrund des Rückgangs globaler Mobilität und industrieller Produktion die globalen Kohlendioxidemissionen reduziert hatte, wurde die atmosphärische Gesamtbelastung nicht verringert, zumal sich der Ausstoß von Methan und Lachgas weiter erhöhte.

Die geschilderten Entwicklungen dürften einen schnelleren und stärkeren Anstieg der Erderwärmung um mehr als 1,5 Grad Celsius bis 2030 zur Folge haben; diese im Jahr 2015 von 195 Staaten vereinbarte Schwelle wird bereits in den nächsten Jahren deutlich überschritten. Auf der UN-Umweltkonferenz im Juni 2022 in Stockholm wurde eingestanden, dass die Maßnahmen gegen Klimawandel und Umweltzerstörung nicht schnell und energisch genug vorangetrieben werden. An die Regierungen der Welt wurde ein Appell nach dringender, nach Möglichkeit kollektiver Umsetzung bereits gefasster Beschlüsse gerichtet. Eine Einigung auf weitergehende Regelungen wurde nachfolgenden Treffen überlassen. Die Dramatik dieser Entwicklung wurde von der durch den Ukrainekrieg absorbierten Öffentlichkeit kaum beachtet.

Es lässt sich mit hoher Wahrscheinlichkeit vorhersagen, dass die Auswirkungen des Klimawandels auf Mensch und Natur, die über die natürlichen Schwankungen hinausgehen, in den nächsten Jahren noch deutlicher spürbar werden. Zu diesen Effekten gehören häufigere Extremwetterereignisse, das Steigen des Meeresspiegels, ausbleibende oder unregelmäßigere Niederschläge sowie höhere Luft- und Bodentemperaturen. Auch wenn die Zahl tropischer Stürme nach jüngsten Studien insgesamt nicht zugenommen hat, ist der Anteil der Stürme höchster Kategorien signifikant gestiegen, sodass materielle und personelle Schäden steigen und die seit Generationen erprobte Widerstandsfähigkeit vieler lokaler Bevölkerungsgruppen überfordert wird. Der steigende Meeresspiegel wird pazifische Inseln sowie küstennahe Städte und Regionen zwar nicht sofort überschwemmen, doch im Zusammenwirken von Wind und Wasser werden Teile menschlicher Siedlungen häufiger überflutet und zum Teil unbewohnbar gemacht. Tiefer liegende landwirtschaftliche Nutzflächen fallen aufgrund von Erosion und Versalzung für die Produktion von Nahrungsmitteln und Exportgütern weg. Ausbleibender Regen lässt Weiden versteppen und Felder verdorren; unregelmäßige und heftige Niederschläge führen zur Erosion fruchtbaren Bodens und hinterlassen ödes Land. Trinkwasser wird knapp oder ungenießbar mit fatalen Folgen für die Gesundheit. Hitzewellen erhöhen den Stress für Mensch, Tier und Pflanze; ihre Produktivität leidet darunter. Hunger und Ernährungsunsicherheit folgen auf dem Fuß. Der Druck auf die betroffenen Menschen, auf diese Entwicklungen zu reagieren, nimmt zu.

Sozial, sektoral und regional sind die geschilderten Folgen des Klimawandels ungleich verteilt. Zu den größten Verlierern gehören arme Menschen, deren Widerstandskraft gegen externe Schocks schwach ist, die im landwirtschaftlichen Bereich arbeiten und von dessen Erträgen leben und die in Weltregionen leben, deren Naturraum sensibel auf Umweltveränderungen reagiert. Solche Bevölkerungsgruppen gehören in der Regel nicht zu denen, für die eine grenzüberschreitende Migration überhaupt infrage kommt. Sie können in aller Regel die erforderlichen sachlichen und finanziellen Mittel nicht aufbringen, die die Migration einer großen Familie über größere Entfernungen erfordert. Ihre Kenntnisse und Fähigkeiten reichen oft nicht aus, um sich eine wirtschaftliche Perspektive in einem fremden Kontext zu eröffnen. Insofern bleibt ihnen lediglich die Wahl zwischen Untergang und Anpassung. Jüngere und besser gebildete Familienmitglieder wandern temporär oder zyklisch in urbane Zonen ihres Landes oder grenznahe Regionen von Nachbarländern, häufig erleichtert durch den Umstand, dass bereits Verwandte oder Angehörige gleicher ethnischer Herkunft dort leben.

Zu möglichen Anpassungsreaktionen gehören neue Anbauverfahren (zum Beispiel Umstieg vom Regenfeldbau auf künstliche Bewässerung), angepasste Sorten wie trocken- und salzresistente Pflanzen, hitzetolerante Tierarten sowie Meliorationen (Dämme, Wälle) zur Vermeidung von Wind- und Wassererosion. Bauliche Veränderungen an Wohnstätten und an gemeinsam genutzten Infrastrukturen erhöhen deren Widerstandskraft gegen Umwelteinflüsse. Angestrebt werden, wenn möglich, zusätzliche und andere Einkommensquellen wie die Verarbeitung landwirtschaftlicher Produkte oder Lohnarbeit. Diese Strategien lassen sich allerdings nur mit einer Mindestausstattung an Kapital verwirklichen, sodass allein schon wegen der erwarteten Überweisungen von Migrantinnen und Migranten an die Zurückgebliebenen der Wegzug zumindest einiger Mitglieder der Familie überlebensnotwendig ist. Deren Zahl ist in den letzten Jahren beständig gestiegen.

Die Weltbank geht davon aus, dass aufgrund klimabedingter Umweltveränderungen bis zum Jahr 2050 etwa 150 Millionen Binnenvertriebene zu verzeichnen sind, davon mehr als die Hälfte allein auf dem afrikanischen Kontinent. Ende 2021 hatte ihre Zahl mit knapp 60 Millionen bereits einen neuen Höchststand erreicht, wobei der Hauptgrund für die Vertreibung bewaffnete Konflikte waren; diese stehen als Grund der Vertreibung derzeit noch vor den durch Klimaveränderungen bedingten Fluchtursachen.

Von den Fluchtbewegungen sind auch die Zielregionen betroffen, in die Vertriebene fliehen. Städte müssen sich auf einen wachsenden Zufluss von Migrantinnen und Migranten vorbereiten. Unterbringung und Versorgung der zusätzlichen Menschen erfordern einen finanziellen Rahmen, der die Budgets ärmerer Länder sprengt. Verelendung in städtischen Slums und Verteilungskonflikte können die Folge sein, was die Lebensqualität etablierter städtischer Mittelstandsgruppen so beeinträchtigt, dass diese sich – aufgrund besserer Bildungsvoraussetzungen und ausreichender materieller Ausstattung – veranlasst sehen, ihr Land zu verlassen.

Auch die Tragfähigkeit der von den Auswirkungen des Klimawandels weniger stark betroffenen Gebiete wird durch das Anwachsen der Bevölkerung strapaziert, sodass Konflikte zwischen Zuwandernden und angestammter Bevölkerung um natürliche Ressourcen wie Ackerland, Weiden und Wasser zunehmen. Zudem wächst das Risiko, dass sich der Raubbau an den vorhandenen natürlichen Lebensgrundlagen verstärkt und deren Anfälligkeit für externe Einflüsse weiter erhöht. Durch Brandrodung und den Verlust von Kohlenstoffsenken kann überdies der Klimawandel noch befördert werden.

Der Klimawandel beschleunigt und verstärkt die Verschlechterung von Lebens- und Produktionsbedingungen insbesondere ärmerer Bevölkerungsgruppen in ländlichen Regionen von Entwicklungsländern. Deren Anpassungsmöglichkeiten sind begrenzt, was einen immer größeren Anteil von ihnen zur Migration vor allem in Städte und angrenzende Regionen zwingt. Die jeweiligen Regierungen sind meist weder in der Lage, die Betroffenen zu unterstützen, noch können sie die erforderlichen Mittel zur Erhaltung ihrer Lebensräume aufbringen.

Hier besteht Handlungsbedarf auf unterschiedlichen Ebenen: Die Vermeidung von klimaschädlichen Emissionen in Industrie- und Schwellenländern ist notwendig; sie führt aber nur langfristig zu einer Reduzierung negativer Umwelteffekte in fragilen Regionen von Entwicklungsländern. Kurz- und mittelfristig haben dort Anpassungsmaßnahmen Priorität. Diese reichen von Sozial- und Beschäftigungsprogrammen bis hin zur nachhaltigen Diversifizierung von Einkommensmöglichkeiten. Zudem bedarf es der Unterstützung beim Aufbau klimaresilienter Infrastrukturen im Hochwasserschutz und der Wasserversorgung, der Einführung neuer Produktionsverfahren, Pflanzensorten und Tierarten. Zur Einhegung von Verteilungskonflikten und zur Reduzierung von ökologischen Schäden sind integrierte Stadt- und Regionalentwicklungsprogramme vonnöten, die Einheimische und Ankommende gleichermaßen berücksichtigen. Geeignete Nachbarländer sollten in die Lage versetzt werden, Migrantinnen und Migranten aufzunehmen.

Die wachsende Zahl von Umweltflüchtlingen, die vor allem in Städte und von Klimawandelfolgen weniger betroffene Regionen fliehen, verdient höhere Aufmerksamkeit. Nur selten erreichen sie Europa oder andere Industrieländer und werden daher von der Öffentlichkeit, den Medien und der Politik kaum wahrgenommen. Doch es wäre fahrlässig, sich mit der Problematik der Binnenflüchtlinge in Entwicklungs- und Schwellenländern nicht gezielt auseinanderzusetzen. Nichthandeln heizt bereits existierende Konflikte an und befördert die Umweltzerstörung in fragilen Regionen. Bisherige Erfolge nationaler und internationaler Entwicklungspolitik dürfen nicht aufs Spiel gesetzt, sondern müssen konsolidiert werden.

Dr. Hans-Joachim Preuß ist Kaufmann und Agrarökonom. Er war für die GTZ in Mauretanien und Benin tätig, später in Management- und Führungspositionen im In- und Ausland bei GIZ, Welthungerhilfe und Friedrich-Ebert-Stiftung. Er ist Lehrbeauftragter an der Universität Bonn.

Jürgen Scheffran

Climate Matching:
Verstärkte Nord-Süd-Zusammenarbeit
für die globale Energiewende

Die globale Erwärmung verschärft Umweltprobleme wie Wassermangel, Wetterextreme und Artensterben, gefährdet die landwirtschaftliche Produktion und verschlechtert die Lebensgrundlagen vieler Menschen weltweit. Sie kann Spannungen verstärken und zusammen mit anderen Ursachen zu einem Treiber von Flucht und Vertreibung werden. Durch ambitionierten weltweiten Klimaschutz lassen sich diese Risiken vermindern und die Lebensgrundlagen der Menschheit sichern.

Die Klimakrise offenbart ein internationales Gerechtigkeitsproblem: Während die ärmeren Länder am stärksten betroffen sind, haben die Industrieländer historisch die meisten Treibhausgase emittiert. Entsprechend sind vor allem sie als Hauptverursacher verpflichtet, durch ihre national festgelegten Beiträge zur Emissionsminderung (Nationally Determined Contributions, NDCs) den Klimawandel zu verhindern, indem sie konsequent auf eine klimaneutrale Wirtschaftsentwicklung setzen und ihren ökologischen Fußabdruck verringern. Neben der Mitwirkung Deutschlands und Europas an der NDC-Partnerschaft bietet der European Green Deal einen Rahmen, den Ausstoß an Treibhausgasen entscheidend zu senken und die Transformation zu einer klimaneutralen und resilienten Gesellschaft zu beschleunigen.

Der fortschreitende Klimawandel lässt sich nur abbremsen, wenn auch Entwicklungs- und Schwellenländer, die den größten Teil der Menschheit ausmachen, einen aktiven Beitrag leisten. Dafür brauchen sie Zugang zu den nötigen Technologien und finanzielle Unterstützung für Investitionen, mit denen sich neue Wirtschaftszweige und Arbeitsplätze schaffen lassen. Um eine Klimakatastrophe abzuwenden und die globale Energiewende zu vollziehen, ist eine verstärkte Nord-Süd-Zusammenarbeit notwendig. Eine rasche Dekarbonisierung erfordert beispiellose Initiativen und Investitionen, die regional sehr unterschiedliche Bedingungen zu berücksichtigen haben.

In diesem Sinne haben die Industrieländer sich in den UN-Klimakonferenzen in Kopenhagen 2009 und Paris 2015 das Ziel gesetzt, jährlich 100 Milliarden US-Dollar aus öffentlichen und privaten Quellen für Klimaschutz und Anpassung in Entwicklungsländern zu mobilisieren, unter Berücksichtigung ihrer Bedürfnisse und Prioritäten. Die 2019 auf der Klimakonferenz von Madrid gegründete zwischenstaatliche Initiative für Klimaschutzinvestitionen soll die Nutzung sauberer Energien im Einklang mit dem Pariser Abkommen vorantreiben. Subregionale Investitionsforen tragen dazu bei, den Zugang zu Finanzmitteln für Projekte zu verbessern. Der bisherige Finanzierungsumfang reicht jedoch nicht aus, um die anvisierte Transformation umzusetzen. Dafür müssen globale Finanzflüsse in allen Wirtschaftsfeldern und Finanzmärkten an diesen Zielen ausgerichtet werden, einschließlich privater Investitionen und ausländischer Direktinvestitionen.

Deutschland und Europa sollten den Auf- und Umbau der Ökonomien in den Entwicklungsländern stärker als bisher fördern. Die am stärksten gefährdeten Länder brauchen Unterstützung, um sich an veränderte klimatische Bedingungen anzupassen, Schäden und Verluste zu vermindern sowie künftige Klimarisiken abzusichern. Die Bundesregierung hat ihre internationalen Investitionen in Programme für den Umwelt- und Klimaschutz ausgebaut, unter Einbindung der Privatwirtschaft und der Zivilgesellschaft.

Deutschland und Europa müssen vorangehen und die Maßnahmen zur Emissionsminderung deutlich verstärken. Dabei sollten die Umsetzung und Weiterentwicklung der eigenen Klimaziele auf allen Ebenen (global, bilateral, lokal) Hand in Hand gehen mit Staaten des Globalen Südens. Dazu müssen die Politik und das Handeln internationaler Finanzinstitutionen mit den Klimazielen von Paris kompatibel gemacht, der Privatsektor für den globalen Klimaschutz mobilisiert und Schwellen- und Entwicklungsländer bei der Umsetzung ihrer Klimaziele unterstützt werden. Der angestrebten engen Nord-Süd-Zusammenarbeit stehen jedoch Ungleichheiten bei den Ressourcen und der unzureichende Zugang zu Daten, wissenschaftlichen Kapazitäten und Partnerschaften in Ländern mit niedrigem Einkommen entgegen.

Um den Defiziten zu begegnen, sind erhebliche Mittel erforderlich. Wie im Bericht der Fachkommission Fluchtursachen 2021 vorgeschlagen, kann Climate Matching eine Schlüsselrolle einnehmen: ein Mechanismus der Nord-Süd-Angleichung. Diesen Mechanismus zu entwickeln hieße, zusätzlich zu den Klimaschutzinvestitionen in Deutschland (und anderen Industrieländern) klimapolitische Maßnahmen in Entwicklungs- und Schwellenländern langfristig verlässlich und damit stärker zu unterstützen als bisher. Dies umfasst unterschiedliche Fördermittel und finanzielle Instrumente, von einer vollen oder teilweisen Kostenübernahme in bilateralen Projekten über multilaterale Klimafonds bis zum konditionierten Schuldenerlass bei grünen Investitionen. Um dies abzusichern, sollte beispielsweise ein prozentualer Anteil der Klimaschutzinvestitionen in Deutschland für den Klimaschutz in den Entwicklungs- und Schwellenländern festgelegt und nicht in jährlichen Haushaltsberatungen infrage gestellt werden können.

In gemeinsamen Projekten, in denen die Partner finanzielle Anteile übernehmen, sind Co-Design, Mitbestimmung und der Abbau von Hindernissen zu gewährleisten. Neben dem finanziellen Umfang sind auch andere Mittel maßgeblich, wie der Transfer von Technologie, Infrastruktur, Wissen und Personal. Im Fokus steht hier der Einsatz erneuerbarer Energien im Rahmen einer weltweiten Energiewende.

759 Millionen Menschen haben keinen Zugang zu Elektrizität, 2,6 Milliarden Menschen sind ohne Zugang zu sauberem Kochen, und der Anteil moderner erneuerbarer Energieträger am Energieverbrauch liegt bei nur 10,7 Prozent. Um das zu ändern, fordern die UN-Nachhaltigkeitsziele (Sustainable Development Goals, SDG-7) bis 2030 »erschwingliche, zuverlässige, nachhaltige und moderne Energie für alle«. Sonne, Wind und andere erneuerbare Energiequellen sind in den meisten Ländern

reichlich vorhanden. Eine nachhaltige Energieversorgung aus erneuerbaren Quellen ist möglich und eröffnet neben dem Klimaschutz weitere Synergieeffekte. Dezentrale erneuerbare Energielösungen bieten ländlichen Gebieten in Afrika oder Südasien, die bislang nicht an Stromnetze angeschlossen sind, die Chance, sich wirtschaftlich zu entwickeln, lokale Wertschöpfungsketten aufzubauen, über das Internet an Informationen zu kommen und mobil zu kommunizieren. Zugang zu Energie ist eine Voraussetzung für Bildung und Gesundheitsversorgung, die Verbesserung der Lebensbedingungen, die Schaffung von Arbeitsplätzen und die Verringerung von Armut.

Neben technologischen Innovationen, die Verfügbarkeit, Kostensenkung, Zuverlässigkeit und Zugänglichkeit erneuerbarer Energie verbessern, sind soziale Innovationen nicht minder bedeutsam. Diese zielen auf die Verbesserung von Lebensgrundlagen oder Dienstleistungen der Endnutzer (Haushalte, Betriebe, öffentliche Einrichtungen) und beziehen das aktive Engagement von Frauen, Jugendlichen und marginalisierten Gemeinschaften als Akteurinnen und Akteure des Wandels ein.

Die weltweiten Investitionen in die Energiewende beliefen sich 2021 auf 755 Milliarden US-Dollar, davon 366 Milliarden US-Dollar in den Ausbau der erneuerbaren Energien. Fast die Hälfte entfiel auf den asiatisch-pazifischen Raum, etwa zwei Drittel davon auf China, das so viel investierte wie Europa, Nahost und Afrika zusammen, gegenüber 150 Milliarden US-Dollar in Nord- und Lateinamerika. Mit dem starken Zuwachs der erneuerbaren Energien war eine deutliche Kostensenkung verbunden, die die Wettbewerbsfähigkeit gegenüber fossilen Energien stärkt. Trotz des Zuwachses reichen die Investitionen längst nicht aus, um eine sichere, resiliente, gerechte, erschwingliche und klimaverträgliche Energieversorgung zu erreichen. Hierfür müssten sie sich in den kommenden vier Jahren gegenüber 2021 verdreifachen, und der dann erreichte Wert müsste sich danach nochmals verdoppeln. Nach Angaben des IRENA »World Energy Transitions Outlook 2022« liegt der Investitionsbedarf bis 2030 bei 5,7 Billionen US-Dollar pro Jahr. Im Fokus stehen Dekarbonisierung, Effizienz, Elektrifizierung, grüner Wasserstoff, Elektromobilität, Bioenergie mit Kohlendioxidabscheidung und -speicherung. Dies hat auch eine sozioökonomische Komponente: Dadurch können weltweit 85 Millionen Arbeitsplätze entstehen.

Verschiedene Projekte und Initiativen können als Rahmen für Climate Matching dienen. Um ihre Anstrengungen für eine weltweite Energiewende zu verstärken, kann die Bundesregierung an bestehende Initiativen und Institutionen anknüpfen, etwa die International Renewable Energy Agency (IRENA), das maßgeblich vom Bundesministerium für wirtschaftliche Zusammenarbeit und Entwicklung geförderte Programm Energising Development (EnDev) oder die South East Asia Energy Transition Partnership (ETP), in der das Bundesumweltministerium über die Internationale Klimaschutzinitiative (IKI) Länder mit ambitionierten Klimazielen bei der Energiewende unterstützt.

Auf der UN-Klimakonferenz im November 2021 in Glasgow wurde die Global Energy Alliance for People and Planet ins Leben gerufen, eine Multi-Stakeholder-Initiative zur Beschleunigung der Einführung sauberer Energie für eine Milliarde unterversorgter Menschen. Die International Solar Alliance hat die Nachfrage nach über 270.000 Solarpumpen in 22 Ländern gebündelt. EnDev ist eine strategische Partnerschaft von Spendern und Partnern in mehr als 20 Ländern, um den Zugang zu moderner Energie für gesellschaftliche und wirtschaftliche Entwicklung zu unterstützen. So hat das LEAF-Programm (Leveraging Energy Access Finance Framework) der Afrikanischen Entwicklungsbank Mittel aus dem Green Climate Fund der UN erhalten, um Finanzierungen in lokaler Währung für dezentrale Projekte im Bereich erneuerbare Energien zu erschließen. Das Programm konzentriert sich auf Ghana, Guinea, Äthiopien, Kenia, Nigeria und Tunesien. Global LEAP ist ein internationaler Wettbewerb, der die besten und energieeffizientesten netzunabhängigen Anwendungen ermittelt. Dies bietet netzunabhängigen Solarunternehmen Anreize für den Einsatz energieeffizienter Geräte, darunter Kühlschränke und Solarwasserpumpen, und hat die Beschaffung von über 230.000 Systemen in Kenia, Ruanda, Uganda und der Vereinigten Republik Tansania ausgelöst. Vielfach kommt dabei Results-Based Financing (RBF) zum Einsatz, eine Form der Entwicklungshilfe, bei der die Mittelfreigabe an festgelegte, messbare und überprüfbare Ergebnisse gebunden ist. Der Beyond the Grid Fund for Africa, der auf einem Pilotprojekt in Sambia aufbaut, wurde auf Burkina Faso, die Demokratische Republik Kongo, Liberia, Mosambik und Uganda ausgeweitet und bietet Unternehmen Anreize zur Überwindung der Rentabilitätslücke. Die Erfahrungen aus Nigeria wie auch die von EnDev in Ruanda und Kenia zeigen, dass die Umsetzung einer RBF-Fazilität einfacher und schneller erfolgen kann. Um den Finanzierungsbedarf für Mininetze zu decken, werden verschiedene Finanzierungsformen angeboten. Über Vorab-Kapitalsubventionen haben seit 2019 acht afrikanische Länder 43 Ausschreibungen für Mini-Grid-Netze durchgeführt. Die RBF-basierte Universelle Energiefazilität, die zunächst für Mini-Grid-Projekte in Sierra Leone, Madagaskar und Benin geöffnet wurde, soll bis 2023 mit 500 Millionen US-Dollar ausgebaut werden. Die Initiative Distributed Renewable Energy Certificates (D-REC) zielt darauf ab, handelbare Zertifikate für die aggregierte Stromerzeugung aus mehreren Systemen auszugeben, um Unternehmens- und Klimainvestoren für den Sektor zu gewinnen. Seit 2012 wurden mehr als 104 Millionen US-Dollar durch Crowdfunding für dezentrale erneuerbare Energietechnologien aufgebracht, mit 81 Prozent der größte Teil in Subsahara-Afrika und weitere 14 Prozent in Süd- und Südostasien.

Auf der UN-Klimakonferenz in Glasgow sagten die USA und mehrere europäische Länder Milliardenbeträge für die Entwicklung sauberer Energien zu. Es wurde eine langfristige Partnerschaft für eine gerechte Energiewende (Just Energy Transition Partnership, JETP) ins Leben gerufen, um Südafrikas Dekarbonisierung, den Ausstieg aus der Kohle und die Umstellung seiner Wirtschaft auf erneuerbare Energiequellen zu unterstützen. In den nächsten drei bis fünf Jahren werden zunächst 8,5 Milliarden US-Dollar bereitgestellt, die neben den Erneuerbaren auch grünen Wasserstoff und Elektrofahrzeuge fördern. Zusätzliche Finanzmittel sollen aus dem Privatsektor mobilisiert werden. Der deutsche Beitrag in Höhe von rund 800 Millionen US-Dollar basiert auf der langjährigen Zusammenarbeit mit der südafrikanischen Regierung, Forschungseinrichtungen, Provinzen, Kommunen und dem Privatsektor. Dazu gehören Projekte zur Verbesserung der Lebensbedingungen durch dezentrale erneuerbare Energien und eine ganzheitliche Betrachtung des Komplexes Wasser – Energie – Nahrung.

Diese wie auch andere Partnerschaften demonstrieren das Potenzial einer Nord-Süd-Zusammenarbeit in Klimaschutz und Energiewende. Wie der IRENA-Jahresbericht »World Energy Transitions Outlook 2022« ausweist, zeigen zahlreiche weitere Beispiele, dass die Energiewende im Globalen Süden in vollem Gang ist und vielfältige Anknüpfungspunkte für ein Climate Matching mit dem Globalen Norden eröffnet. Dafür sind deutsche und europäische Investitionen für klimapolitische Maßnahmen in Entwicklungs- und Schwellenländern erforderlich. Hierzu gehören nicht nur Maßnahmen zur Bekämpfung des Klimawandels, sondern auch für die Anpassung und den Schutz vor Klimafolgen.

Dr. Jürgen Scheffran ist Professor für Integrative Geographie. Er leitet die Forschungsgruppe Klimawandel und Sicherheit (CLISEC) am CLICCS-Exzellenzcluster und am Centrum für Erdsystemforschung und Nachhaltigkeit (CEN) der Universität Hamburg.

Roda Verheyen

Klimaklagen, Klimaflucht und die Rolle des Internationalen Gerichtshofs

Klimaklagen sind weltweit ein zunehmend erfolgreiches Mittel im Kampf gegen die Klimakrise. Sie können – auch wenn natürlich nicht immer erfolgreich – Staaten und Firmen zu verstärkten Maßnahmen zur Emissionsreduktion verpflichten. Um Staaten zum Handeln zu bewegen, stehen exemplarisch die Klagen der Organisation Urgenda in den Niederlanden (2015–2019) und der Klimabeschluss des deutschen Bundesverfassungsgerichts vom März 2021, bei dem auch wir junge Menschen vertreten haben. Um Firmen geht es bei dem Urteil des Bezirksgerichts Den Haag gegen Royal Dutch Shell (Mai 2021) und bei den Verfahren gegen die großen Unternehmen der deutschen Automobilindustrie (VW, BMW und Mercedes) sowie der Klage eines peruanischen Klägers gegen die RWE AG, um die Übernahme von Kosten für die Folgen des Klimawandels durchzusetzen.

Diese Klagen sind auch ein Mittel, den Klimawandel als Fluchtursache zu bekämpfen. Vor diesem Hintergrund hat die Fachkommission Fluchtursachen der Bundesregierung in ihrem 2021 vorgelegten Bericht auf Klimaklagen als Mittel zur Durchsetzung individueller Rechte hingewiesen und die Schaffung eines Fonds für Pionierklagen erwogen.

Grundlage für alle Klagen ist mittlerweile das Pariser Klimaabkommen von 2015. Der völkerrechtliche Vertrag normiert ein globales Temperaturziel (deutlich unter 2 Grad Celsius und möglichst 1,5 Grad Celsius globale Erwärmung) und die Verpflichtung, sich als Vertragsstaat selbst Ziele zu setzen, um dieses Ziel zu erreichen. Es beinhaltet rechtliche Schnittpunkte zu Menschenrechten und auch Regelungen zu Anpassung und Kosten. Mit den bisherigen freiwillig eingegangenen Verpflichtungen der Staaten wird das Ziel – ohne jeden Zweifel – nicht erreichbar sein. Ohnehin ist Völkerrecht eben das Recht zwischen Völkern, und der Weg zu Ansprüchen Einzelner ist weit. Nationale Gerichte – wie das Bundesverfassungsgericht – drängen aber jetzt dennoch erfreulicherweise darauf, das Paris-Abkommen umzusetzen.

Solche Klagen, vor allem gerichtet auf Klimaschutz, also die Reduktion von Treibhausgasemissionen, haben aber bisher nur beschränkte Auswirkung auf das konkrete Thema Klimaflucht und das weitere Themenfeld der Klimagerechtigkeit.

So mussten die Niederlande nach dem Urteil in Sachen Urgenda aufgrund der Schutzwirkung der europäischen Grundrechte, bezogen auf 2020, mehr Emissionsreduktionen realisieren als eigentlich politisch geplant. Das deutsche Bundesverfassungsgericht erkannte die Klimafolgen zwar als menschenrechtsrelevant an, machte dann aber einen juristischen Umweg: Es stützte sich für den Beschluss, der das damalige Klimaschutzgesetz als unzureichend kassierte, nicht auf die Schutzpflichten des Staates, sondern auf das Recht auf zukünftige Freiheit bei der Emission von Treibhausgasen. Gestützt auf das Grundgesetz – allgemeine Freiheitsrechte aus Artikel 2, verbunden mit der Staatszielbestimmung Umweltschutz in Artikel 20a –, bestätigte es damit die Notwendigkeit der Einhaltung der Vorgaben des Pariser Abkommens. Anerkannt haben aber beide Gerichte, dass sich Staaten beim Klimaschutz nicht darauf zurückziehen dürfen, dass sie nur einen kleinen Teil der weltweiten Emissionen verursachen (drop in the ocean), sondern – bezogen auf die Realitäten eines maximalen Kohlendioxidbudgets, basierend auf dem Pariser Temperaturziel – ihren fairen Teil (fair share) leisten müssen. So hat auch der brasilianische oberste Gerichtshof 2022 auf eine Klage von vier politischen Parteien entschieden, dass das Pariser Abkommen ein Menschenrechtsvertrag sei und sich damit alle nationalen Gesetze an ihm (und den Klimazielen) auszurichten haben.

Auch beim Europäischen Menschenrechtsgerichtshof in Straßburg (bei dem Staaten dann verklagt werden, wenn nationale Gerichte nicht helfen) sind mehrere Klimaklagen anhängig. Dort geht es um die Fragen: Ist Klimaschutz ein Menschenrecht auf Grundlage der Europäischen Menschenrechtskonvention? Welche konkreten Schutzpflichten hat dann der Staat, und hat er diese Pflichten nur gegenüber seinen eigenen Bürgerinnen und Bürgern?

Insgesamt allerdings argumentieren die Gerichte noch immer meist mit einem notwendigen Mindestmaß an Klimaschutz und ordnen eine Verbesserung des Status quo an, ohne genaue Budgets oder Reduktionspfade langfristig genau vorzugeben. Global gesehen, ist das unzureichend, aber eben im Gewaltenteilungsgrundsatz begründet. Richtersprüche zu staatlichen Pflichten bei Kosten und der Durchführung von Anpassungsmaßnahmen oder zur Schadensbeseitigung fehlen zudem völlig.

Ein Beispiel: Deutschland ist allein für jährlich knapp zwei Prozent der weltweiten Treibhausgasemissionen verantwortlich und muss sich, so das Bundesverfassungsgericht, nachvollziehbar auf Treibhausgasneutralität ausrichten. Schlüssig sei dabei, das noch anzunehmende Kohlendioxidbudget global nach Pro-Kopf-Maßstäben zu verteilen. Der viel größere CO_2-Fußabdruck Deutschlands (durch Konsum, Bautätigkeit und Transport ausgelöst) und die Frage, ob es eigentlich gerecht ist, trotz der extremen historischen Verantwortung Deutschlands an der Klimakrise die noch vorhandenen Freiräume weltweit pro Kopf zu verteilen, blieben bei der gerichtlichen Entscheidung außer Betracht.

Ebenfalls außer Betracht blieben in dieser Entscheidung – aufgrund des Beschwerdegegenstands, der allein das Bundesklimaschutzgesetz betraf – wie auch bei den anderen Entscheidungen in den Fällen, bei denen es um staatliches Handeln geht, die konkreten Pflichten global agierender privater Emittenten. Wo Staaten Pflichten haben, sind private Akteure ja nicht automatisch pflichtlos. Grundlegend richtig fasst der Rechtswissenschaftler Gerd Winter das Verhältnis Privater in der Klimakrise zusammen: »Treibhausgasemissionen verlaufen ›horizontal‹, sie gehen von Privaten aus und betreffen Private; der regulierende Staat ist kein Verursacher, seine Regulierung schützt die Betroffenen, legt ihnen aber keine Duldungspflicht auf.« Die Frage, die Zivilgerichte nun also beschäftigt, ist: Kann ein privater einen anderen privaten Akteur verklagen, wenn ihn die Folgen des Klimawandels treffen? Oder muss er diese Folgen – im Fall des peruanischen Klägers eine möglicherweise tödliche Gletscherflut – hinnehmen, also dulden?

In dem 2022 eröffneten Verfahren gegen Volkswagen argumentieren die Kläger so: Durch die bisherigen (schon übermäßigen) Emissionen steht nur noch ein begrenztes Kohlendioxidbudget zur Verfügung, um im Rahmen des Temperaturziels des Pariser Abkommens zu bleiben und die weitere Destabilisierung des Weltklimas zu verhindern. Das gilt für Staaten ebenso wie für große Einzelemittenten. So haben die Richterinnen und Richter im Fall Shell im Mai 2021 schon entschieden.

Zivilrechtliche Klagen können also vielleicht – jedenfalls gegenüber einzelnen Unternehmen und für einzelne Betroffene – Schadensverhinderung und -ausgleich erreichen. Zivilrechtliche Klagen müssen auch nicht an staatlichen Grenzen haltmachen – globalisierte Wirtschaft geht mit Emissionen in verschiedenen Ländern einher. Vielleicht kann – neben den andauernden Verhandlungen zu »Loss and Damage« (Verluste und Schäden) – auf der Ebene der Klimarahmenkonvention durch erfolgreiche Urteile erreicht werden, dass Unternehmen und Staaten einen Fonds für Betroffene freiwillig füllen.

Aber Urteile, die die größeren Fragen entscheiden, sind bisher ausgeblieben. Das wäre die Frage nach der gerechten Verteilung verbleibender Emissionsrechte innerhalb des Paris-konformen Budgets (fair share), die Frage der Regulierungsverpflichtung gegenüber Privaten, die Frage der Verteilung von Kosten des Klimawandels und der Anpassung sowie die Frage der Verantwortung für die Unbewohnbarkeit ganzer Landstriche und Inseln.

Seit Jahrzehnten wird die Forderung vertreten, einen Weltgerichtshof für Umweltfragen einzurichten. Aber bis dahin ist es noch ein langer und steiniger Weg. Es müsste ein völkerrechtlicher Vertrag verhandelt und abgeschlossen werden, das Mandat geklärt und der Gerichtshof ausgestattet werden, und nicht zuletzt müssten Staaten seine Zuständigkeit anerkennen. Um globales Handeln zu stärken und einige der benannten wichtigen Fragen zu klären, kann und sollte deshalb aus unserer Sicht sofort der bestehende Internationale Gerichtshof (IGH) angerufen werden. Der IGH entscheidet aufgrund seines Statuts entweder Fälle im Konfliktfall zwischen Staaten, oder er gibt Rechtsgutachten (Advisory Opinion) ab. Bis heute ist der IGH im Hinblick auf den Klimawandel bzw. die Auslegung von Völkerrecht nicht tätig geworden – und das, obwohl die Klimakrise in all ihren Facetten offensichtlich grundlegende globale Fragen des Rechts, auch die Auslegung von Völkerrecht, betrifft. Was genau heißt denn das als völkerrechtliches Gewohnheitsrecht akzeptierte No-harm-Prinzip (kein Staat soll dem anderen durch Tätigkeiten auf seinem Territorium Schaden zuführen) im Klimakontext? Was passiert, wenn mit dem Anstieg des Meeresspiegels ganze Staaten verschwinden, wie die kleinen Inselstaaten im Südpazifik?

Der IGH hat schon mehrere umweltpolitisch umstrittene Fälle verhandelt und so das jeweilige Rechtsgebiet weiterentwickelt – eine Rolle, die ihm auch bezüglich der Klimakrise zustehen kann. Als Rechtssprechungsorgan der UN genießt der Gerichtshof eine hohe moralische Autorität und hat die Möglichkeit, umfassende Fragen zur Klimakrise direkt durch eine Advisory Opinion anzugehen. Diese kann sowohl eine einfache Mehrheit der Generalversammlung oder eine Sonderorganisation der Vereinten Nationen, beispielsweise UNHCR oder die Welternährungsorganisation, zu Rechtsfragen aus dem jeweiligen Zuständigkeitsgebiet anfordern. Das Rechtsgutachten ist zwar im Gegensatz zu Urteilen nicht rechtsverbindlich, kann aber trotzdem durchaus staatliche Maßnahmen rechtfertigen, weil Staaten dann davon ausgehen, dass das bestehende Völkerrecht auch bei einem streitigen Fall zwischen Staaten entsprechend ausgelegt würde. Ein solches Rechtsgutachten könnte auch die Verhandlungen um »Loss and Damage« im Klimaregime beeinflussen, also den Verhandlungsstrang, der sich mit der Verantwortung für die Folgen und Schäden durch die Klimakrise befasst.

Im Gegensatz zu einer streitigen Klage können bei einer Advisory Opinion alle gestellten Fragen auf übergeordneter Ebene behandelt und somit Grundsätze entwickelt werden, die auf viele einzelne Fälle angewandt werden könnten. Es geht dort nicht darum zu beweisen, dass ein Mensch durch eine bestimmte Klimafolge in seinen Rechten betroffen ist, es geht also nicht um die enge Kausalität, sondern Klimagerechtigkeitsthemen können hier nach dem Maßstab der völkerrechtlichen Verträge und des Völkergewohnheitsrechts adressiert werden. Anders als etwa ein nationales Verfassungsgericht ist der IGH aufgrund seiner allgemeinen internationalen Zuständigkeit jedenfalls im Ansatz in der Position, alle Fragen zu den völkerrechtlichen Regeln des Klimaschutzes zu bewerten und die Verpflichtungen der Staaten klarstellend zu formulieren.

Eine aktuelle Kampagne für eine Advisory Opinion des IGH zur Klimagerechtigkeit organisiert die World's Youth for Climate Justice (WYCJ), die 2019 von einer Gruppe pazifischer Studierender gegründet wurde. Die jungen Menschen fordern eine Formulierung für eine Gutachtenfrage an den IGH, die die Verbindung von Menschenrechten und der Klimakrise in den Fokus stellt. Sie wollen, dass der IGH sowohl die Rechte heutiger und künftiger Generationen angesichts der Krise klärt als auch die damit verbundenen staatlichen Verpflichtungen. Zur Erinnerung: Obwohl das deutsche Bundesverfassungsgericht und der brasilianische Gerichtshof anerkennen, dass Klima- und Menschenrechtsschutz untrennbar verbunden sind, wurden international bisher daraus keine konkreten Verpflichtungen einzelner Staaten abgeleitet. Das Pariser Abkommen setzt zwar ein verbindliches Temperaturziel, aber ansonsten setzt es auf freiwillige Verpflichtungen seiner Vertragspartner, wie dies zu erreichen ist. Ziel einer Advisory Opinion sollte sein, staatliche Klimaschutzanstrengungen *und* Anpassungsmaßnahmen als Schutz der Menschenrechte zu definieren und festzulegen. Eine progressive Interpretation der staatlichen Verpflichtungen (fair share) könnte insgesamt den Klimaschutz voranbringen. Die Initiative wird unterstützt beispielsweise von Mary Robinson, vormals UN High Commissioner for Human Rights. Der Inselstaat Vanuatu setzt sich aktuell für eine entsprechende Resolution der UN-Hauptversammlung ein.

Auch zu der Frage, welche Rechtspositionen bei Flucht und Migration die Klimakrise betreffen und welche Pflichten diesbezüglich entstehen, könnte der IGH nützliche Schritte gehen, denn auch die Mindeststandards zum Schutz von Flüchtenden werden durch internationale Menschenrechtsvereinbarungen festgelegt. Sie bieten eine Grundlage, um zu beurteilen, welche Rechte (Recht auf Leben, Gesundheit, Wohnung etc.) durch die Klimakrise beeinträchtigt werden, und damit auch einen relevanten Anhaltspunkt für den Rechtsstatus der Fliehenden und den entsprechenden Umgang der Staaten mit Migrantinnen und Migranten. Welchen rechtlichen Stellenwert Klimafolgen haben, kann durch eine detailliertere Erörterung des Zusammenhangs von Menschenrechtsverletzungen und der Klimakrise durch den IGH auch mit Wirkung für konkrete Verpflichtungen von Staaten geklärt werden – zum Nutzen aller besonders durch den Klimawandel Betroffenen. Nach Aussage des Weltklimarates sind das bis zu 3,6 Milliarden Menschen.

Nationale Klimaklagen sind ein Ausgangspunkt zur Verdeutlichung der menschenrechtsrelevanten Eingriffe in Rechtspositionen weltweit. Aber sie können aufgrund der Verankerung auf nationaler Ebene nicht weit genug zur rechtlichen Klärung der Verantwortung von Staaten beitragen. Dem IGH sollte ermöglicht werden, im Rahmen einer Advisory Opinion Stellung zu beziehen. Aus unserer Sicht würde das eine Lücke füllen und gleichzeitig Material liefern, mit dem sich Menschen wiederum an ihre – hoffentlich durchsetzungsstarken – nationalen Gerichte wenden können, um effektiven Klimaschutz und Schutz vor den Folgen des Klimawandels und der Verschärfung von Fluchtursachen einzufordern.

In Zusammenarbeit mit Lou Töllner, Bucerius Law School, Hamburg.

Dr. Roda Verheyen ist Rechtsanwältin. Sie vertritt Beschwerdeführer bei Klimaklagen, so gegen die RWE AG und Automobilkonzerne, oder als Prozessbevollmächtigte vor dem Bundesverfassungsgericht. Seit 2021 ist sie Mitglied des Hamburgischen Verfassungsgerichts.

Markus Rudolf

Kriege und Konflikte:
Zentrale Trends globaler Flucht

Der Ukrainekrieg brachte Vertreibung und Flucht zurück in die medialen Schlagzeilen. Erneut wurde deutlich, dass Europa keineswegs vor großen Fluchtbewegungen gefeit ist. Im Juni 2022 verkündete das Flüchtlingskommissariat der Vereinten Nationen (United Nations High Commissioner for Refugees, UNHCR) zudem, dass über 100 Millionen Personen weltweit auf der Flucht sind. Der Bericht weist außerdem darauf hin, dass für das Gros der Geflüchteten ihr unsicherer rechtlicher Status und ihre prekäre Lebenssituation anhalten werden. Damit scheint das Erreichen der ambitionierten Nachhaltigen Entwicklungsziele (Sustainable Development Goals, SDGs), niemanden zurückzulassen, ferner denn je.

Flucht ist vor allem an die Entstehung, Dynamiken und Eskalationswege gewaltsamer Konflikte gekoppelt – deren Ausmaße sich kaum vorhersagen lassen. Es lässt sich jedoch ein Trend erkennen: Allein im vergangenen Jahrzehnt hat sich sowohl die Anzahl der von Konflikten betroffenen Länder als auch die Zahl der vor Krieg, Gewalt, Verfolgung und Menschenrechtsverletzungen geflüchteten Menschen fast verdoppelt. Wie sehr sich der Klimawandel auf neue Flüchtlingsströme auswirken wird, ist bisher eine unbekannte Größe; unbestritten ist jedoch, dass er Fluchtdynamiken verstärkt wird. Zudem hat auch die Anzahl der durch Umweltkatastrophen und Umsiedlungen vertriebenen Menschen Rekordhöhen erreicht. Dies alles führt nicht nur humanitäre Akteure an die Grenze ihrer Kapazitäten, sondern verdeutlicht auch, dass die bestehenden Fluchtregime nicht mehr greifen. Sofern die Politik nicht radikal umsteuert und dauerhafte globale multilaterale Lösungen für Geflüchtete anbietet, wird das »nackte Überleben auf der Flucht« für das Gros der Geflüchteten der Normalfall bleiben. Für das kommende Jahrzehnt lassen sich die folgenden Trends erkennen.

Trend 1 – Zunahme von Geflüchteten: In den letzten Jahren nahmen die Anzahl und die Intensität gewaltsamer Konflikte zu, die wesentliche Auslöser großer Fluchtbewegungen darstellen. Manche Bürgerkriege, wie im Südsudan und Afghanistan, dauern seit Jahrzehnten an; andere, wie in Myanmar oder in der Demokratischen Republik Kongo, flammen immer wieder auf; neue, wie in Burkina Faso oder Jemen, kamen jüngst hinzu. Diese Beispiele stehen im Kontext einer weltweiten Zunahme von innerstaatlichen und teils grenzübergreifenden Bürgerkriegen, die zu lang anhaltenden Fluchtbewegungen führen. Insbesondere die Region der Großen Seen (Kongo, Ruanda), das Horn von Afrika (Südsudan, Somalia, Äthiopien), die Krisenregion zwischen Afghanistan und Pakistan sowie der Nahe Osten (Syrien, Jemen, Libyen) werden voraussichtlich auch im kommenden Jahrzehnt fragil bleiben und große Fluchtbewegungen zur Folge haben. Bisher ist der politische Willen der Konfliktparteien sowie der internationalen Gemeinschaft nicht ausreichend gegeben, in diesen Regionen die herrschenden Konflikte dauerhaft zu beenden.

Mit dem Ukrainekrieg kam zudem ein zwischenstaatlicher Krieg hinzu, der innerhalb kürzester Zeit die Vertreibung von über 15 Millionen Menschen zur Folge hatte, von denen mehr als die Hälfte das Land verlassen hat. Jenseits der »klassischen« Kriege und Bürgerkriege erleben wir zudem eine rasante Zunahme an Fluchtbewegungen aufgrund von organisierter Gewaltkriminalität – innerhalb von Staaten wie über Staatsgrenzen hinweg. Ursache hierfür ist zum einen, dass gerade in Regionen mit organisierter Kriminalität der Staat seinen Bürgerinnen und Bürgern nicht ausreichend Schutz gewährt; zum anderen, dass kriegsähnliche Zustände oftmals von offizieller Seite nicht als solche anerkannt und politisch angegangen werden. Allein im nördlichen Dreieck Zentralamerikas (Guatemala, Honduras, El Salvador) und Mexikos wurde die Zahl der Binnenvertriebenen schon Ende 2015 auf etwa eine Million Menschen geschätzt. Auch in anderen Regionen, wie etwa der Sahelzone (Mali, Burkina Faso) oder Nordafrika (Libyen), nimmt die Vermengung von organisierter Gewaltkriminalität, Schmuggel und Gewaltkonflikten stark zu. Die Zahl der vor kriminellen und kriegsähnlichen Situationen Geflüchteten wird sich im nächsten Jahrzehnt daher deutlich erhöhen.

Trend 2 – Zunahme lang anhaltender Fluchtsituationen: In den vergangenen Jahrzehnten stieg die durchschnittliche Dauer eines Krieges von sieben auf zwölf Jahre an. In vielen Ländern, die besonders hohe Zahlen an Geflüchteten verzeichnen, herrscht seit Jahrzehnten Krieg (u. a. Afghanistan, Südsudan, Somalia). Nicht nur der Krieg selbst, sondern auch dessen gesellschaftliche und wirtschaftliche Auswirkungen verhindern eine Rückkehr von Geflüchteten. Daher sind viele Geflüchtete für immer längere Zeiträume gezwungen, auf die Schaffung von Voraussetzungen (u. a. rechtlichen Schutz, wirtschaftliche Absicherung) zu warten, die ihnen eine sichere Rückkehr ermöglichen. Laut UNHCR befinden sich rund zwei Drittel aller Geflüchteten weltweit in lang anhaltenden Fluchtsituationen (Protracted Refugee Situations, PRS) mit steigender Dauer. Nicht berücksichtigt sind dabei Binnenvertriebene, noch nicht registrierte bzw. urbane Flüchtlinge, Staatenlose, Asylbewerberinnen und -bewerber oder Flüchtlinge aus Regionen, aus denen weniger als 25.000 Menschen geflohen sind, da sie statistisch nicht erfasst werden.

Der Anstieg der PRS ist nicht ausschließlich auf neue Fluchtbewegungen zurückzuführen, sondern vor allem auf die Tatsache, dass nur für einen Bruchteil der Betroffenen langfristige Lösungen für anhaltende Fluchtsituationen bereitstehen. Die Zahl von Geflüchteten, die in ihre Heimat zurückkehren, ist seit jeher gering und in den letzten Jahren weiter rückläufig. Die Ansiedlung in Drittstaaten (resettlement) ist seit 2016 bei steigendem Bedarf abnehmend. Die Zahl der Geflüchteten, die ohne die Chance auf den Erhalt einer Staatsbürgerschaft im Aufnahme- oder einem Drittland (z. B. Türkei, Libanon, Pakistan, Kenia) informell ausharren, steigt und wird allein wegen des demografischen Wachstums selbst dann weiter signifikant ansteigen, wenn keine neuen Gewaltkonflikte entstehen.

Trend 3 – Ausweitung von Abschottungspolitiken: Im Zuge einer sich verschärfenden Abschottungspolitik gegenüber Geflüchteten verlagerten Länder des Globalen Nordens zunehmend ihre Grenzsicherung durch Abkommen mit Herkunfts- und Transitstaaten in Mittelamerika, Nordafrika, dem Mittelmeerraum und der Sahelzone in den Globalen Süden. Zudem weitet die Europäische Union die Zusammenarbeit mit Herkunftsländern von Geflüchteten im Rahmen von Rückführungsabkommen aus, die die Abschiebung Geflüchteter in ihre Herkunftsländer erleichtern sollen. Die Forschung zeigt deutlich auf, dass die Abgeschobenen – im Vergleich zu denjenigen, die freiwillig und eigenständig in ihre Herkunftsländer zurückkehren – große Schwierigkeiten bei der sozialen und wirtschaftlichen Integration in ihrem Heimatland haben und Marginalisierung sowie Sicherheitsrisiken ausgesetzt sind.

Zudem nehmen sich vermehrt Länder des Globalen Südens die Abschottung im Globalen Norden zum Vorbild. Zum Teil setzen sie – in Kooperation mit Ländern des Globalen Nordens – eine Politik um, die internationalen Abkommen über Flüchtlinge zuwiderlaufen bzw. deren Umsetzung massiv erschweren. So wurde die Umsetzung des 2022 abgeschlossenen Abkommens zwischen Großbritannien und Ruanda über die Abschiebung von Menschen, deren Asylantrag abgelehnt wurde, vorerst vom Europäischen Gerichtshof als rechtswidrig erachtet und gestoppt. Bei unveränderten Rahmenbedingungen wird die Tendenz zunehmen, dass sich Länder des Globalen Südens mit Verweisen auf Praktiken im Globalen Norden verstärkt aus multilateralen Abkommen zurückziehen, die Aufnahme von Flüchtlingen verweigern oder kollektive Abschiebungen fordern bzw. forcieren. So ist beispielsweise Tansania aus dem Umfassenden Rahmenplan für Flüchtlingshilfemaßnahmen (Comprehensive Refugee Response Framework, CRRF) ausgetreten. Die Abschottungspolitik birgt dabei die Gefahr, sozioökonomische Disparitäten zu verstärken, die eine Triebkraft von Migrationsbewegungen im Allgemeinen darstellen.

Der Ukrainekrieg und die im März 2022 auf EU-Ebene erstmalig beschlossene Anwendung der Richtlinie über die vereinfachte Gewährung vorübergehenden Schutzes von Vertriebenen können die Debatte über die Abschottungspolitik der EU anregen und sollten hierfür genutzt werden. Inwiefern die vereinfachte Aufnahme ukrainischer Geflüchteter jedoch generell zu einem Politikwechsel führen wird, bleibt fraglich.

Trend 4 – Zunahme von Geflüchteten ohne Schutzstatus: Der Fortbestand bzw. die Verschärfung von Fluchtursachen wird – bei einer gleichzeitig stärkeren Abschottungspolitik – dazu führen, dass die Zahl der Geflüchteten ohne Schutzstatus in rechtlichen, politischen und sozialen Grauzonen zunehmen wird. Ein wachsender Anteil an Geflüchteten wird in urbanen Räumen Schutz und Auskommen suchen – als Reaktion auf die oft prekären Bedingungen und abnehmenden Hilfeleistungen in Camps. Bei wachsenden und andauernden Fluchtbewegungen wird die Unterbringung in Camps langfristig zudem nicht mehr für alle möglich und finanzierbar sein.

Viele Staaten schränken zudem die Möglichkeiten der Legalisierung des Status von Geflüchteten systematisch ein und treiben die Betroffenen somit in die Informalität. Auch aus diesem Grund gibt es kaum verlässliche Schätzungen über die Zahl urbaner Geflüchteter und Binnenvertriebener. Zudem werden die Gründe für die Landflucht und die Wechselwirkung mit anderen Faktoren nicht hinreichend erfasst und differenziert sowie nicht alle Formen urbaner Vertreibungen – wie etwa intraurbane Vertreibungen (zum Beispiel in Lateinamerika) – bei der Erhebung berücksichtigt. Es ist jetzt schon abzusehen, dass die daher eher unterschätzte Zahl der Neuankömmlinge die urbane Infrastruktur (Bildungs-, Wasserversorgungs- und Gesundheitssysteme) vieler Städte weltweit überlasten wird. Damit wiederum steigt das Risiko zunehmender Xenophobie und politischer sowie ethnisch-religiöser Spannungen.

Trend 5 – Drastische Verschiebungen der Hilfsregime: Nahezu zwei Drittel der weltweit Geflüchteten sind aufgrund der Auswirkungen von Konflikten und Gewalt sowie im Zuge von Zwangsumsiedlungen (u. a. durch Infrastruktur- und Entwicklungsprojekte) binnenvertrieben (Internally Displaced Persons, IDPs). Diese Menschen sind besonders schutzbedürftig, denn sie fallen – im Unterschied zu international anerkannten Flüchtlingen – unter die Verantwortung und Fürsorgepflicht des betroffenen Nationalstaats. Oftmals ist jedoch dieser selbst für gewaltsame Vertreibungen verantwortlich (zum Beispiel Myanmar, Syrien).

Eine weitere Gruppe, die zukünftig im Zusammenhang mit anhaltenden Fluchtsituationen (PRS) verstärkt im Fokus von Flüchtlingshilfe stehen wird, umfasst diejenigen, die durch Gewaltkonflikte und ihre Folgen, direkt oder indirekt, festgehalten werden. Erzwungene Immobilität betrifft nicht nur Geflüchtete, die in Camps oder aufgrund restriktiver Grenzregime, fehlender Papiere, fehlender finanzieller Ressourcen und Netzwerke festsitzen, sondern auch diejenigen, die gezwungen sind, inmitten eines Gewaltkonfliktes zu verharren, da ihnen die Möglichkeiten zur Flucht fehlen. Je länger die Situation andauert, desto mehr benötigen sie nahezu dieselben Hilfeleistungen wie internationale Flüchtlinge und Binnenvertriebene. Dabei ist der Zugang zu diesen Menschen vergleichsweise schwierig und wird auch in Zukunft eine wesentliche Herausforderung für Hilfsorganisationen darstellen.

Die administrativ-völkerrechtliche Trennung von Flucht und Binnenvertreibungen erschwert es zudem, holistische und grenzüberschreitende Ansätze für den Umgang mit Geflüchteten im Allgemeinen zu entwickeln. Eine Fluchtpolitik ist daher notwendig, die das Schutzbedürfnis von Gewalt betroffener Menschen ungeachtet ihres offiziellen Status stärker in den Mittelpunkt rückt und den gemeinsamen politischen Willen findet, Fluchtursachen als globale Herausforderung multilateraler Politik anzugehen. Der Global Compact on Refugees (GCR) und der Global Compact for Safe, Orderly and Regular Migration (GCM), die beide 2018 verabschiedet wurden, stellen hier bereits wichtige Weichen in die richtige Richtung. In der Fluchtpolitik wird es darüber hinaus nötig sein, Wechselbeziehungen und Parallelen, etwa zwischen Binnenvertreibung und grenzübergreifender Flucht sowie erzwungener Immobilisierung, zu berücksichtigen und Maßnahmen grenzüberschreitend abzustimmen.

Vor dem Hintergrund zunehmend langer und komplexer Gewaltkonflikte, die durch zyklisch wieder aufflammende Gewalt geprägt sind, deutet sich eine drastische Veränderung des Hilfssektors an. Die derzeitige Bemühung um den Triple Nexus, der humanitäre Hilfe, Entwicklungszusammenarbeit und Friedensförderung verb.ndet, steht beispielhaft für diesen tiefgreifenden Wandel. Insgesamt gilt es, die Themenkomplexe Flucht und erzwungene Immobilität noch enger mit den Themen schlechter Regierungsführung und dem daraus resultierenden Mangel an wirtschaftlichen Perspektiven sowie Konfliktprävention zu verzahnen. Zudem ist es notwendig, eine Debatte darüber anzustoßen – und hierfür lohnt sich eine Betrachtung des Ukrainekrieges oder des Syrienkonfliktes –, wie für Vertreibungen verantwortliche Regierungen zur Verantwortung gezogen werden können (Sanktionen, Reparationen) bzw. wie verhindert werden kann, dass sie von Vertreibung und Flucht profitieren.

Co-Autoren: Conrad Schetter und Clara Schmitz-Pranghe.

Dr. Markus Rudolf ist wissenschaftlicher Mitarbeiter am Bonn International Centre for Conflict Studies (BICC) und arbeitet dort zu den Themen Flucht und Migration.

Prof. Dr. Conrad Schetter ist seit 2013 Direktor des BICC. Zuvor hat er am Zentrum für Entwicklungsforschung (ZEF) der Universität Bonn gearbeitet. Er ist u. a. Mitglied des Präsidiums der Welthungerhilfe.

Clara Schmitz-Pranghe ist wissenschaftliche Mitarbeiterin am BICC und arbeitet dort zu den Themen Flucht und Migration.

Natalia Wörner

Flucht – und Gewalt
gegen Frauen

Sie war eben erst vor Putins Angriffskrieg aus der Ukraine geflohen. Eine junge Frau, 18 Jahre alt, fast noch ein Mädchen. Wann genau sie in Deutschland angekommen ist, ob mit ihrer Familie oder ganz allein, dazu sagt die Polizei nichts. Die Öffentlichkeit erfährt nur dies: Anfang März, keine zwei Wochen nachdem in ihrer Heimat die ersten Bomben fielen, soll die Ukrainerin auf dem als Flüchtlingsunterkunft genutzten Hotelschiff »Oscar Wilde« am Düsseldorfer Rheinufer vergewaltigt worden sein. Gleich zweimal in einer Nacht, von zwei Männern. Zuerst von einem 26-jährigen Tunesier, der ukrainische Papiere besitzt. Später von einem 37-jährigen Nigerianer, dem sie sich in ihrer Verzweiflung nach der ersten Gewalttat anvertraut hatte. Es ist der erste Fall, der in Deutschland schieres Entsetzen auslöst. Und es sollte nicht der letzte bleiben. Nur wenige Tage nach den Vorfällen auf dem Hotelschiff wird in Herne ein Mann festgenommen, bei dem durch private Vermittlung eine 25-jährige Ukrainerin mit ihrem kleinen Sohn untergekommen war. Auch sie soll vergewaltigt worden sein.

Man mag sich kaum in diese Frauen hineinversetzen, die vor dem Krieg, vor Gewalt und Tod aus ihrer Heimat in eine vermeintliche Sicherheit flüchten und dann dies erfahren müssen.

100 Millionen Menschen sind im Juni 2022 rund um den Erdball auf der Flucht. So viele wie seit dem Ende des Zweiten Weltkrieges nicht mehr. Das Flüchtlingshilfswerk der Vereinten Nationen (UNHCR) geht davon aus, dass knapp die Hälfte dieser Flüchtenden Frauen sind. Aus der Ukraine, die keinen waffenfähigen Mann unter 60 Jahren über die

Grenze ziehen lässt, sind geschätzt sogar fast 90 Prozent der Geflüchteten Frauen und Mädchen.

Wie Männer fliehen auch Frauen weltweit vor Krieg, politischer Verfolgung, Umweltkatastrophen, vor Armut und Hunger. Aber sie verlassen ihre Heimat häufig auch aus Angst vor anderen Formen der Gewalt, vor Zwangsheirat, Genitalverstümmelung, Witwenverbrennung, Vergewaltigung und Femizid. In einem Land wie Afghanistan etwa registrierte der UNAMA-Report (United Nations Assistance Mission in Afghanistan) zahlreiche Verbrechen gegen Frauen und Mädchen. So wird allein aus den Jahren zwischen 2015 und 2017 von 280 Ermordungen und »Ehrenmorden« an Frauen berichtet.

In Kriegs- und Krisenzeiten verschärfen sich all diese Diskriminierungen und Gewalttaten, denn sexualisierte Gewalt ist ein Mittel des Krieges. Sie ist ein Symbol der Erniedrigung des Gegners. Wer bist du denn, wenn es dir nicht einmal gelingt, deine Frauen zu schützen? Millionen Frauen sollen während des Zweiten Weltkrieges vergewaltigt worden sein, Zehntausende im Jugoslawienkrieg der 1990er-Jahre des vorigen Jahrhunderts.

Die Gynäkologin und spätere Gründerin der Frauenrechtsorganisation Medica Mondiale, Monika Hauser, erinnert sich: »Die Medien berichteten ausgiebig über die massenweisen Vergewaltigungen auf dem Balkan. Von Hilfe für die traumatisierten Frauen aber war nirgends die Rede.« Monika Hauser hielt es damals wegen dieser Nachrichten nicht in Deutschland. Sie reiste nach Bosnien, baute im Kriegsgebiet ein Zentrum für vergewaltigte Frauen auf. Ein Zentrum, in dem die Frauen Schutz fanden, psychologisch betreut wurden und ihr schamhaftes Schweigen aufgeben konnten.

Leider hat sich die Lage von Frauen auf der Flucht, von Frauen in Krisen- und Kriegsgebieten bis heute kaum verändert. Die spezifische Situation von Mädchen und Frauen in den Herkunftsländern, aber auch auf der Flucht wird immer noch selten thematisiert. Sexualisierte Gewalt ist in der öffentlichen Wahrnehmung ein Randthema. Mehr nicht. Dabei geht UNHCR davon aus, dass jede fünfte Frau auf ihrer Flucht sexuelle Gefahr erlebt.

Seit 2006 engagiere ich mich als Botschafterin der Kinderrechtsorganisation Kindernothilfe und habe bei meinen Reisen in Krisengebiete, wie etwa in den Libanon, Flüchtlingslager besucht und dort auch mit Frauen über ihre Lage gesprochen. Besonders kritisch ist die Lage auch auf den griechischen Ägäisinseln: Im Lager Moria auf Lesbos, wo sich die Kindernothilfe um die Versorgung mit Nahrungsmitteln, um Unterricht und psychosoziale Hilfe für Kinder und Familien kümmert, leben Frauen – und wir sprechen hier von Mädchen ab elf Jahren – in permanenter Angst. Es ist das Flüchtlingscamp, in dem – konzipiert für 2.800 Menschen – 20.000 Geflohene unterkamen. Nach dem verheerenden Brand im September 2020 wurde es neu organisiert. Entstanden ist ein neues Lager, Mavrovouni, sowie auf der Nachbarinsel Samos eine Art Hochsicherheitscamp. An den desaströsen Lebensbedingungen hat sich jedoch wenig verändert. Dafür sind die Lager noch stärker nach außen abgeriegelt.

Dort lebende Frauen beklagen, dass Gewalt an Frauen und Kindern zur Tagesordnung gehört. Sie fürchten sich nachts, trauen sich nicht, allein die weiten Wege zur Toilette zu gehen. Zu viele Jungen und Männer seien betrunken unterwegs. Immer wieder komme es zu Überfällen, zu sexueller Gewalt. Es gebe keinen Schutz, keine Sicherheit, keine Polizei.

Der TV-Sender Arte dokumentierte diese Zustände schon im Frühjahr 2020 mit dem Film »Die Frauen von Moria«. Die Frauenzeitschrift *Emma* spricht Monate später von einem »Skandal, der keine Schlagzeilen macht«. Zitiert wird eine medizinische Helferin mit der Aussage, dass selbst Mitarbeiter jener Firma, die im Lager Lebensmittel anliefert, Familien besseres Essen im Austausch für ihre Töchter angeboten hätten. Die Kindernothilfe arbeitet auf Lesbos mit einer griechischen Partnerorganisation zusammen, die sich um Unterricht und psychosoziale Hilfe für Kinder und Familien, die Versorgung mit Nahrungsmitteln sowie um sichere Wohnmöglichkeiten für traumatisierte Frauen und ihre Kinder außerhalb der Camps kümmert.

Zurück nach Deutschland, zurück zu den geflüchteten Frauen aus der Ukraine. Im Sommer 2022 haben fünf Millionen Menschen die Ukraine verlassen, suchen Schutz in benachbarten Ländern. Sie wollen zumeist nur kurz bleiben, planen zurückzukehren, sobald es die Lage im Heimatland zulässt. Die Hilfsbereitschaft ist groß, aber nicht immer echt. Frauenrechtlerinnen fürchten bald, dass der Krieg und die hohen Zahlen von Flüchtlingen den Zuhältern und Menschenhändlern in die Karten spielen. Einen Tag nach dem russischen Überfall bereits sei bei Twitter ein eindeutiger Post aufgetaucht: »Krieg ist immer irgendwo. Dabei denke ich vor allem an die jungen Ukrainerinnen, die bald hier aufschlagen werden. Das wird ein Fest!« Zwei Wochen später folgt ein weiterer in der *WELT* zitierter Tweet dieser Art: »Endlich wird der Altersdurchschnitt im Bordell wieder flächig nach unten korrigiert.«

Längst warnen Menschenrechtsorganisationen wie Amnesty International, aber auch die an Bahnhöfen zuständige Bundespolizei vor Menschenhändlern und Sexualstraftätern, die an polnischen Grenzübergängen und deutschen Bahnhöfen gezielt auf junge Frauen und Kinder zugingen und dubiose Wohn- oder Übernachtungsangebote machten. Ähnliches registriert Amnesty International auch in Polen. Die Bundesinnenministerin reagiert prompt und kündigt Ende März 2022 eine hohe Polizeipräsenz auf den Bahnhöfen an, um Ukrainerinnen vor Übergriffen zu schützen. Auch die europäische Polizeibehörde Europol warnt vor Menschenhändlern, die sich als »Freiwillige« ausgäben, Transport, Unterkunft oder Arbeit anböten, um so potenzielle Opfer ins Visier zu nehmen.

2014 ist die Istanbul-Konvention in Kraft getreten, das Übereinkommen des Europarates zur Verhütung und Bekämpfung von Gewalt gegen Frauen. Im Oktober 2017 wird sie auch in Deutschland ratifiziert. In dem Vertrag wird sämtlichen Vertragsstaaten aufgezeigt, welche Maßnahmen sie zur Verhütung und Bekämpfung von Gewalt gegen Frauen ergreifen müssen. Erstmals wird geschlechtsspezifische Gewalt als Menschenrechtsverletzung bezeichnet. Das Deutsche Institut für Menschenrechte sieht die Istanbul-Konvention als erstes völkerrechtlich bindendes Instrument zur umfassenden Bekämpfung jeglicher Form von Gewalt an Frauen. Dabei geht es um Prävention, Schutz, Strafverfolgung sowie um eine politische Gesamtstrategie.

Doch was ist seitdem geschehen, wie wird die Konvention umgesetzt? Frauen- und Menschenrechtsorganisationen wie etwa Amnesty International, Pro Asyl oder auch Medica Mondiale sehen großen Nachholbedarf und kritisieren mangelnden politischen Willen. Die Perspektive flüchtender Frauen und Mädchen und ihre besondere Gefährdung fänden bislang kaum Eingang in die politische Debatte, kritisiert etwa Medica Mondiale. Es gebe zu selten ernsthafte Anstrengungen, deren Lage verbessern zu wollen. Mehr noch, geschlechtsspezifische Gewalt werde selten als Fluchtgrund wahrgenommen, die Einrichtung notwendiger Schutz- und Unterstützungsmechanismen in Deutschland lasse noch auf sich warten.

Auch an der Realität von Frauen auf der Flucht hat sich in den vergangenen Jahren kaum etwas verändert. Das bestätigen Menschenrechtsorganisationen und auch der UNHCR, die Frauen oder Familien mit weiblichem Oberhaupt als die am meisten gefährdeten Gruppen auf der Flucht beschreiben. In nahezu allen Ländern seien Frauen auf den Fluchtrouten körperlicher Gewalt, finanzieller Ausbeutung und sexuellen Belästigungen ausgesetzt. Die Täter seien Schlepper, männliche Flüchtlinge, Grenzpolizisten oder Sicherheitsleute in Flüchtlingslagern. Der UNHCR berichtet, dass Frauen Ausweispapiere und Weiterreise mit Geschlechtsverkehr bezahlen müssen oder in ihrer Verzweiflung heiraten, um vermeintlich mehr Schutz zu erfahren. Menschenschmuggler wüssten um die Nöte der weiblichen Flüchtlinge, verlangten Sex gegen einen reduzierten Preis für ihre Schlepperdienste.

Im Mai 2021 hat die von der damaligen Bundesregierung eingesetzte Fachkommission Fluchtursachen ihren Abschlussbericht vorgelegt, in dem sie empfiehlt, Frauen als Akteurinnen in der Krisenprävention, Konfliktbewältigung und Friedenssicherung zu stärken. Die Bundesregierung, so heißt es in dem Bericht, sollte sich weiterhin konsequent für die Umsetzung der UN-Resolution 1325 und ihrer Nachfolgeresolutionen einsetzen und damit den »gleichberechtigten Einbezug von Frauen entlang des Konfliktzyklus vorantreiben«.

Diese Empfehlung, so selbstverständlich sie anmutet, ist elementar und unabdingbar. Doch ebenso wichtig erscheint es mir, sich EU-weit für eine geschlechtssensible Ausgestaltung der Asylpolitik einzusetzen. Sexualisierte Gewalt darf nicht nur auf dem Papier als Asylgrund anerkannt sein, sie muss als Fluchtursache stärker in den Blick genommen werden.

Es sollte zudem ein Gewaltschutzkonzept entwickelt werden, das in allen Flüchtlingsunterkünften in Deutschland verbindlich umgesetzt wird. Dazu gehören abschließbare Zimmer und Sanitäranlagen für Frauen, getrennte Waschräume und Toiletten sowie die Besetzung des Wachschutzes mit Männern und Frauen. Nicht zuletzt sollten im Rahmen der deutschen Entwicklungspolitik verstärkt Projekte finanziert werden, die den Schutz von Frauen vor Gewalt verbessern sowie Perspektiven schaffen, die ihnen ein Einkommen sichern und damit die ökonomische Unabhängigkeit von Frauen stärken. Es geht darum, auf diesem Weg nachhaltige Perspektiven zu eröffnen, damit sich Menschen erst gar nicht auf die Flucht begeben müssen.

Was die Gleichberechtigung von Frauen und Männern angeht, hat sich in Deutschland, in Europa in den vergangenen Jahrzehnten vieles positiv entwickelt. Das steht außer Frage. Bei den geschlechtsspezifischen Fluchtgründen und dem Schutz von weiblichen Flüchtlingen vor Gewalt jedoch befinden wir uns noch ganz am Anfang. Dass sich hier nicht bald etwas bessert, das ist meine begründete Sorge.

Natalia Wörner ist Schauspielerin, Filmemacherin und Feministin. Seit 2006 engagiert sie sich als Botschafterin für die Kindernothilfe.

Gerald Knaus

Die ukrainische Tragödie und die Zukunft des Flüchtlingsschutzes

Der Einmarsch Russlands in die Ukraine stellt einen Wendepunkt in der Geschichte des internationalen Flüchtlingsschutzes dar. Er führte zur größten Flucht in Europa seit den 1940er-Jahren und stellte auch alles, was die Welt in den letzten Jahren an Flucht erlebte, in den Schatten. Denn nach nur vier Monaten Krieg waren bereits über fünf Millionen Ukrainerinnen und Ukrainer allein in die Europäische Union geflohen, vor allem Frauen und Kinder.

Dazu kommt: Während ich diese Zeilen schreibe, sind weder der Krieg noch die Massenvertreibung von Millionen vorbei. Solange Millionen Binnenvertriebene im Land ausharren, die Wirtschaft der Ukraine auch durch eine Blockade aller Häfen zerstört wird und die russische Armee ihren Angriff fortsetzt, bleiben Millionen Menschen vom Schicksal weiterer Massenvertreibung bedroht. Solange der Krieg andauert, wird es weiterhin eine historisch einmalig hohe Zahl von Menschen auf der Suche nach Schutz geben, die auch die Europäische Union erreichen. Doch auch die Rückkehr von Flüchtlingen in die Ukraine hatte historische Ausmaße.

Nehmen wir nur Polen: Zwischen dem 24. Februar und Ende Juni 2022 kamen 4,1 Millionen Ukrainerinnen nach Polen. In der gleichen Zeit kehrten aber auch 2,4 Millionen über Polen in die Ukraine zurück. Sobald es nach dem Scheitern der ersten russischen Offensive gegen die Hauptstadt Kiew möglich schien, gingen viele wieder zu ihren Männern, Vätern, Eltern zurück. Solche Bewegungen über offene Grenzen binnen weniger Wochen hat die Europäische Union noch nie erlebt. Es dauerte auch mehrere Jahre des Krieges, bevor aus Syrien mehr als drei Millionen Flüchtlinge in die Türkei kamen.

Der russische Angriff auf die Ukraine ist auch ein Einschnitt in der europäischen Geschichte. Der Anführer einer Atommacht rechtfertigt die Anwendung von Gewalt und den Angriff auf eine benachbarte Demokratie mit dem Argument, die nationale Identität der Bevölkerung des Nachbarstaates sei künstlich und müsse zerstört (»entnazifiziert«) werden. Mariupol, eine Stadt von der Größe Liverpools oder Dresdens, wird innerhalb weniger Wochen zerstört. Zivilisten in friedlichen Vorstädten großer Städte werden hingerichtet. Krankenhäuser und Theater werden bombardiert. Die europäische Sicherheitsordnung – in der Charta von Paris 1990 als Vision eines Kontinents gewaltfreier Demokratien skizziert – ist zerstört.

Doch die ukrainische Flüchtlingskrise findet auch vor dem Hintergrund einer tiefen Krise des internationalen Flüchtlingsschutzes statt. Mit der Genfer Flüchtlingskonvention von 1951 wurde ein radikaler Gedanke eingeführt: Die Staaten sollten jedem Schutz gewähren, der »aus der begründeten Furcht vor Verfolgung wegen seiner Rasse, Religion, Nationalität, Zugehörigkeit zu einer bestimmten sozialen Gruppe oder wegen seiner politischen Überzeugung« Schutz sucht, unabhängig von seiner Staatsangehörigkeit. Und doch verletzen seit vielen Jahren selbst demokratische Regierungen in aller Welt, von Australien bis zu den USA, von Griechenland und Kroatien bis zu Polen an seiner Grenze zu Weißrussland, den in der Konvention von 1951 verankerten Grundsatz der Nichtzurückweisung (Non Refoulement).

Alle Regierungen haben das Recht, ihre Grenzen zu kontrollieren. Sie dürfen auch Menschen zurückschicken, die kein Recht auf Aufenthalt haben. Allerdings haben demokratische Staaten vor Jahrzehnten beschlossen, dass sie dies nur auf dem Rechtsweg und im Einklang mit der Genfer Flüchtlingskonvention tun werden. Daher brauchen Demokratien humane Wege, um ihre Grenzen zu kontrollieren, ohne die Grundrechte zu verletzen – Wege, um irreguläre Migration ohne Zurückweisung und Menschenrechtsverletzungen zu reduzieren, und dazu Wege, um Schutzbedürftige legal aufzunehmen.

All dies erfordert eine positive Vision des globalen Flüchtlingsschutzes im 21. Jahrhundert. Die Reaktion auf die ukrainischen Flüchtlinge in Europa ist daher von enormer Bedeutung. So kann die Eindämmung der irregulären Migration durch Abkommen mit Drittländern legitim sein, wenn dabei die Flüchtlingskonvention eingehalten wird. Aber es muss auch Schutz geboten werden. Demokratien sollten sich verpflichten, mehr Flüchtlinge neu anzusiedeln (Resettlement), sie sollten die Grenzen für diejenigen offen halten, die keinen anderen sicheren Ort finden können. So wie die EU dies im Fall der Flüchtlinge aus der Ukraine getan hat.

Alle europäischen Länder, mit Ausnahme des Vereinigten Königreichs, gestatten Ukrainern eine visumfreie Einreise. Die Reaktion der EU auf ihre Notlage Anfang März war historisch: Mit der Aktivierung der EU-Richtlinie über vorübergehenden Schutz haben alle aus der Ukraine fliehenden Menschen das Recht, sich überall in der EU aufzuhalten, zu arbeiten und Unterstützung zu erhalten. Es besteht daher auch kein Bedarf an Schleusern, es gibt keine gefährlichen irregulären Überfahrten, kein langes Warten auf langwierige Asylverfahren. Die Aufnahme von hauptsächlich Frauen und Kindern aus der Ukraine bot so die Gelegenheit zu zeigen, wie eine humane europäische Asylpolitik auch bei ungewöhnlich hohen Zahlen funktionieren kann.

Ein solches System erfordert mehr als kurzfristige Empathie. Es erfordert auch Organisation. In ganz Europa, von Norwegen bis Moldawien, haben viele ihre Bereitschaft gezeigt, Ukrainer aufzunehmen. Überall gibt es Städte und Bürgerinnen und Bürger, die bereit sind zu helfen. Dies macht es möglich, eine beispiellose Anstrengung zur Umsiedlung ukrainischer Flüchtlinge zu unternehmen. Dabei sind Flüchtlinge keine Pakete, die gegen ihren Willen verteilt werden können. Denjenigen, die in Polen und der Slowakei ankommen, sollte Unterstützung angeboten werden, einschließlich Informationen darüber, wie sie nach Finnland oder Irland, Frankreich oder Portugal gelangen und welche Bedingungen sie vorfinden. Ohne Informationen werden Flüchtlinge nur langsam den Kontinent überqueren, und viele werden in (einigen) Grenzstaaten und Staaten wie Deutschland, Tschechien, Bulgarien und Österreich verbleiben. Das zeigte sich bereits in den ersten Monaten.

Blicken wir dabei kurz auf die Zahlen. Diese zeigen: In der Tschechischen Republik haben bis Ende Juni mehr Ukrainerinnen und Ukrainer einen Antrag auf vorübergehenden Schutz gestellt als in Frankreich, Spanien und Italien zusammengenommen. In Bulgarien mehr als in Österreich. Warschau beherbergt zehnmal mehr ukrainische Flüchtlinge, als das Vereinigte Königreich aufgenommen hat.

Was kann man nun aus dieser ersten Phase der Krise über Flucht, Aufnahme und die Zukunft des internationalen Flüchtlingsschutzes lernen?

Erste Lehre: Entscheidend sind öffentliche Anteilnahme und Solidarität. Auch wenn die Zahlen von Flüchtlingen außergewöhnlich hoch sind, bleiben Krisen bewältigbar, solange Gesellschaften aktiv die Aufnahme Schutzsuchender unterstützen. Dies zeigte sich auch in dieser Krise. Massenunterkünfte konnten weitgehend vermieden werden, aber nur weil so viele Haushalte ihre Türen öffneten und Wohnraum anboten. Dies gelang deshalb, weil die Anteilnahme enorm hoch war. Dies wiederum liegt stark an der Wahrnehmung der Schutzsuchenden: als Nachbarn, als klare Opfer einer Aggression, als Menschen ohne andere Schutzmöglichkeiten, vor allem auch als Frauen und Kinder, die temporär Schutz suchen, während ihre Männer zurückblieben. Sehr viel kleinere Zahlen von Flüchtlingen – ohne eine ähnliche Anteilnahme und Solidarität der Bevölkerung, die nicht verordnet oder erzwungen werden kann – stellen Verwaltungen hingegen vor sehr viel größere organisatorische Herausforderungen.

Zweite Lehre: Wo immer möglich, ist eine freiwillige, spontane Verteilung von Schutzsuchenden jeder organisierten Verteilung überlegen. Auch das aber verlangt nach einer breiten Unterstützung. Die EU-Massenzustrom-Richtlinie machte eine spontane Verteilung der Flüchtlinge möglich. Diese wurde noch erleichtert, indem in fast allen Ländern Züge bereitgestellt oder Tickets kostenfrei gestellt wurden. Während es der EU und UNHCR in den ersten Monaten nicht gelang, eine zugesagte Zahl von wenigen Tausend Flüchtlingen aus Moldau in aufnahmebereite Länder zu verteilen, suchten sich Millionen von selbst ein Dach über dem

Kopf. Ein besseres System geordneter und doch freiwilliger Verteilung wäre in jedem Fall sinnvoll, gab es aber bislang nicht.

Dritte Lehre: Die größte Fluchtursache weltweit blieb auch im vergangenen Jahrzehnt der Krieg. Es handelt sich dabei nicht um diffuse, schwer zu fassende Phänomene. Sondern diese größten Fluchtursachen im letzten Jahrzehnt tragen Namen und haben Hausnummern: Maduro in Venezuela, Assad in Syrien und nun Putin in Russland. Wo Verantwortlichkeiten so klar ausgemacht werden können und hierüber Einigkeit zwischen Demokratien hergestellt werden kann, lässt sich zugleich eine Basis schaffen, solidarisch auf diese Krisen zu reagieren.

Viertens: Damit Menschen fliehen können, müssen Grenzen offiziell offen sein. Das war in allen großen Fluchtbewegungen der letzten Jahre der Fall. Die Türkei hatte jahrelang offene Grenzen für Flüchtlinge aus Syrien und dem Irak, Kolumbien für Menschen aus Venezuela und jetzt die EU für Ukrainerinnen und Ukrainer. Dort, wo Staaten Grenzen schließen, gelingt es Flüchtlingen kaum, sie zu überschreiten. Das bedeutet: Die Zahl der Flüchtlinge in der Welt wird nicht nur durch Konflikte bestimmt, sondern noch mehr durch die Politik an Grenzen zu möglichen Aufnahmestaaten.

Fünftens: Europa bleibt der wichtigste Kontinent für die Aufnahme von Flüchtlingen. Von 2013 bis 2021 stieg die Zahl der Flüchtlinge in der Welt von elf Millionen auf 21 Millionen. Mehr als fünf Millionen von ihnen wurden von Mitgliedern des Europarats aufgenommen. Mit der Aufnahme von Ukrainerinnen und Ukrainern 2022 ist Europas Bedeutung für den Flüchtlingsschutz noch mehr gewachsen.

Daher ist es auch so wichtig, wie sich diese Krise und die Reaktion darauf weiterentwickeln. Wenn die Europäische Union Millionen von ukrainischen Flüchtlingen aufnimmt und gleichzeitig die Flüchtlingskonvention an ihren Außengrenzen wieder einhält, also die Menschenrechtsverletzungen durch illegale Zurückweisungen von Flüchtlingen an EU-Außengrenzen abstellt, kann sie eine klare Botschaft aussenden: Demokratien können auf autokratischen Druck humanitär reagieren, so wie es die Alliierten während der Berliner Luftbrücke 1948 angesichts von Stalins Blockade und Erpressung taten, 1956 in der Ungarnkrise oder nach 1979 angesichts der Bootsflüchtlinge in Südostasien.

Eine humane Antwort auf Putins Krieg im Jahr 2022 besteht daher nicht nur darin, seinen Opfern zu helfen, sondern es ist auch ein politischer Erfolg, angesichts einer historischen Tragödie und Flucht ein deutliches Zeichen für den Wert der Menschenwürde und der Flüchtlingskonvention zu setzen. Das ist der EU in dieser Krise und im Umgang mit den ukrainischen Flüchtlingen bislang gelungen. Es ist enorm wichtig, dass es so bleibt.

Gerald Knaus ist Sozialwissenschaftler und Autor des Spiegel-Bestsellers »Welche Grenzen brauchen wir?« (2020). 1999 gründete er die Europäische Stabilitätsinitiative (ESI), eine Denkfabrik mit Sitz in Berlin, deren Vorsitzender er ist. Er war viele Jahre für NGOs und internationale Organisationen in Südosteuropa tätig.

J. Olaf Kleist

Was bedeutet die Zeitenwende für die Flüchtlingspolitik? Demokratie und die Politisierung des Flüchtlingsschutzes

Die Eskalation des Angriffskrieges Russlands gegen die Ukraine führte zu einem umfassenden Umdenken in der Außen- und Verteidigungspolitik und nicht zuletzt auch in der Energie- und Wirtschaftspolitik – mit langfristigen Konsequenzen. Aber die von Bundeskanzler Olaf Scholz am 27. Februar 2022 vor dem Deutschen Bundestag verkündete Zeitenwende zeigte sich in keinem Politikfeld so schnell wie in der Flüchtlingspolitik. Gerade elf Tage nachdem feindliche Truppen auf Kiew marschiert waren, beschloss die Europäische Union die unbürokratische Aufnahme Geflüchteter aus dem Kriegsgebiet. Über drei Millionen vom Krieg Vertriebene fanden so in kürzester Zeit Aufnahme und Schutz in der EU, davon rund 800.000 in Deutschland.

In der schnellen und beeindruckenden Unterstützung durch die Zivilgesellschaft waren Parallelen zur Ankunft von 1,3 Millionen Flüchtenden in Deutschland rund sieben Jahre zuvor unverkennbar. Unübersehbar waren aber auch die rechtlichen und bürokratischen Unterschiede in der Behandlung ukrainischer gegenüber anderen Schutzsuchenden: Erstmals aktivierte die EU die Richtlinie für vorübergehenden Schutz, oft auch als »Massenzustromrichtlinie« bezeichnet, wodurch Ukrainerinnen und Ukrainer ohne Asylverfahren einen dreijährigen Flüchtlingsstatus erhielten.

Diese Aktivierung war in politischen und verwaltungstechnischen Umständen begründet, etwa der klaren Parteinahme der EU-Staaten für die angegriffene Demokratie und der schon bestehenden visafreien Einreisemöglichkeit. Das führte jedoch auch zu Vorwürfen einer rassistischen Ungleichbehandlung. Vor allem aber markierte die Aufnahme von Ukrainerinnen und Ukrainern eine Zeitenwende in der Flüchtlingspolitik, die sich als ein Wandel vom Primat des individuell-universalistischen Flüchtlingsrechts zum politisch-ideologischen Schutz beschreiben lässt.

Vielmehr als nur einen Moment des besonderen Umgangs mit Geflüchteten wie etwa 2015 können wir in der Zeitenwende eine grundlegende Veränderung beobachten, wie Aufnahmegesellschaften ihre Verantwortung gegenüber Geflüchteten sehen: weniger als eine menschenrechtliche Verpflichtung als eine Solidarität mit einer bedrohten Demokratie. Aus diesem Wandel und seinen Implikationen für Deutschland und Europa als Orte der Zuflucht sind Überlegungen für eine demokratische Flüchtlingspolitik zu entwickeln.

Die mit dem Ukrainekrieg ausgelöste Zeitenwende hat für die Flüchtlingspolitik eine historische Tragweite. In den vergangenen 100 Jahren gab es drei charakteristische Phasen der Flüchtlingspolitik: die Zwischenkriegszeit, den Kalten Krieg und das folgende liberal-humanitäre Zeitalter. Nun eröffnet sich durch die Entstehung einer neuen globalen Blockbildung eine weitere Phase der Flüchtlingspolitik, die insbesondere politisch-ideologischen Prämissen folgt. Diese neue Phase greift Elemente der früheren Phasen auf und bringt damit besondere Bedingungen, aber auch Grenzen für den Flüchtlingsschutz hervor. Die neue Flüchtlingspolitik kann daher am besten vor dem Hintergrund früherer Flüchtlingspolitiken verstanden werden: In den 1920er-Jahren entstand im Rahmen des Völkerbunds das erste moderne Flüchtlingssystem mit einem internationalen Flüchtlingsrecht. Dies widmete sich exklusiv spezifischen nationalen Gruppen, russischen und armenischen Flüchtlingen in Südosteuropa, die durch Revolution beziehungsweise den Ersten Weltkrieg heimatlos geworden waren. Nach dem Scheitern dieses Ansatzes im Zweiten Weltkrieg entstanden mit der Genfer Flüchtlingskonvention 1951 eine neue Phase und ein gänzlich neues Verständnis von Flüchtlingsschutz. Dieses neue Verständnis gesteht Flüchtlingen nicht als nationalen Gruppen wie zuvor, sondern als verfolgten Individuen gegenüber Staaten ein Recht auf Asyl zu.

Ein ähnlich liberales und rechtsstaatlich kodifiziertes Flüchtlingsrecht wurde kurz vorher schon im deutschen Grundgesetz festgeschrieben. Flüchtlingsschutz wurde als elementarer Bestandteil der Vereinten Nationen und der Bundesrepublik verstanden. Dies war eine Errungenschaft der Etablierung von Demokratie als Ideal – nach Diktaturen und Kriegen und im Angesicht des aufziehenden Kalten Kriegs.

So allgemein das Flüchtlingsrecht auf dem Papier auch anmuten mochte, war es in seiner Anwendung doch immer stark begrenzt – zunächst auf Europa beschränkt und im Zuge des Kalten Krieges vor allem auf Flüchtende aus dem realsozialistischen oder kommunistischen System. Der *politische* Flüchtling war der »wahre« Flüchtling, der aus der DDR, aus Ungarn oder aus der Tschechoslowakei floh oder auch aus dem kommunistischen Vietnam. Nicht nur in Deutschland, sondern auch in anderen westlichen Staaten stießen Vertriebene aus rechten Militärdiktaturen oder anderen Staaten des Globalen Südens hingegen auf Skepsis. Obwohl Asyl theoretisch individuell gewährt wurde, führte die starke Politisierung des Flüchtlingsschutzes in den 1980er- und 1990er-Jahren zu massiven Einschränkungen des eigentlich universalen Flüchtlingsrechts.

Mit dem Ende des Kalten Krieges setzte eine umfassende Depolitisierung des Flüchtlingsschutzes ein, was die dritte Phase der modernen Flüchtlingspolitik einläutete. Flüchtlingsschutz wurde eine humanitäre Angelegenheit, in der Regel für Flüchtlinge im Globalen Süden. Flüchtlinge wurden nicht mehr als politisch Handelnde wahrgenommen, sondern als Objekte von Krieg und Hilfe. Fluchtgründe traten gegenüber Schutzbedürftigkeit in den Hintergrund, die oft nicht mehr individuell überprüft, sondern für bestimmte Gruppen festgestellt wurde. Doch in Europa stieß der Ansatz an seine Grenzen: Für Flüchtende der jugoslawischen Kriege gab es in Europa keinen politischen oder rechtlichen Rahmen, um Schutz zu gewähren und einen passenden Umgang mit ihnen zu finden. Die sich zu der Zeit etablierende EU antwortete auf diese Erfahrung mit zwei Ansätzen: Zunächst verabschiedete sie 2001 die Richtlinie für temporären Schutz, die aber 21 Jahre lang nicht genutzt wurde. Dann wurde ein paar Jahre später ein Asylsystem geschaffen, das die Definition der Genfer Flüchtlingskonvention humanitär und menschenrechtlich ausweitete. Das Charakteristikum dieser humanitären Phase war der Anspruch, Geflüchteten allgemein zu helfen, unabhängig von Politik und Nationalität.

Entgegen seinem Anspruch verhinderte Europa jedoch zunehmend den Zugang zu seinem Asylsystem. 2015 kam es noch zu einem kurzen unerwarteten und vielfach auch ungewollten Moment, als Flüchtlinge in einigen EU-Staaten millionenfach Zugang zum ansonsten abgeschotteten Asylsystem bekamen. Humanität und Empathie führten zu breiter Hilfs- und Aufnahmebereitschaft. Doch danach beschleunigte die EU das Schließen ihrer Grenzen – durch Kooperationen mit anderen Staaten, das Verschärfen von Gesetzen und zunehmende Gewalt beim Grenzschutz. Der humanitäre Flüchtlingsschutz sollte – wenn überhaupt – jenseits der eigenen Grenzen stattfinden.

Mit der Eskalation des Krieges gegen die Ukraine schien der Trend der Abschottung durchbrochen. Plötzlich war es auch für EU-Staaten, die sich der Flüchtlingsaufnahme immer verweigert hatten, kein Problem, Millionen von Flüchtlingen aufzunehmen. Doch zugleich wurden die Grenzen gegen andere Asylsuchende brutal verteidigt: Während Ukrainerinnen und Ukrainer problemlos einreisen durften, gab es illegale Pushbacks und viele Tote an den Grenzen zu Belarus, der Türkei, Libyen und Marokko. Verweise auf einen zugrunde liegenden Rassismus, der sicher nicht von der Hand zu weisen ist, und Rufe nach einer Öffnung der Grenzen für alle Flüchtenden übersehen die Bedeutung der Zeitenwende und den Charakter der neuen Phase der Flüchtlingspolitik. Nicht offene Grenzen, sondern die Nationalisierung wie in der Zwischenkriegszeit, eine Repolitisierung wie im Kalten Krieg und die Abkehr vom individuellen Flüchtlingsrecht wie im liberal-humanitären Zeitalter erklären den neuen Flüchtlingsschutz Europas und Deutschlands.

Mit dieser skizzierten Entwicklung europäischen Flüchtlingsschutzes lässt sich das Ausmaß der Zeitenwende verstehen – nämlich als eine, wie sie nur alle paar Jahrzehnte unser Verständnis und unser Handeln gegenüber Schutzsuchenden grundlegend verändert. Die Zeitenwende markiert auch ein Umdenken im Selbstverständnis der Zufluchtsgesellschaft. Erst darin, dass sich europäische Staaten gegenüber autokratischen Staaten abgrenzen und so als Demokratien akzentuieren, entsteht auch ihr neues Verständnis von Flüchtlingen und Flüchtlingsschutz. Dass Staaten Verbündeten unkompliziert Zuflucht gewähren, ist die älteste Form des Flüchtlingsschutzes und schon aus der Antike bekannt. Aktuell profitieren davon Ukrainerinnen und Ukrainer, aber auch für Demokratinnen und Demokraten etwa aus Hongkong, Afghanistan, Russland und Belarus gibt es den Anspruch, sie aufzunehmen – auch wenn die Umsetzung in einigen Fällen mehr als problematisch ist. Eine solch gezielte Flüchtlingspolitik erfüllt eine wichtige geopolitische Funktion gerade für Demokratien: Sie unterstreicht, dass die Rechte von Verbündeten geschützt und ernst genommen werden, gerade auch wenn sie im Herkunftsland nicht mehr gewährt werden können. Und sie setzt eine klare ideologische Abgrenzung gegenüber Autokratien, die Grundrechte gefährden. Im Umkehrschluss ist das Versagen, jenen Flüchtlingen Schutz zu gewähren – wie für viele demokratisch gesinnte Kräfte in Afghanistan, die gerade deshalb von Verfolgung bedroht sind –, ein Eingeständnis der Machtlosigkeit oder des Unwillens, die proklamierten demokratischen Rechte zu schützen. Gerade im Zuge der globalen Neuordnung von Machtverhältnissen und der Bedrohung durch autokratische Regime ist der politische Flüchtlingsschutz ein wichtiges Element internationaler Solidarität zwischen Demokratinnen und Demokraten und unterstreicht das Bekenntnis zur Demokratie sowohl innen- als auch außenpolitisch.

Ein solches politisiertes und ideologisches Verständnis von Flüchtlingsschutz kann jedoch zugleich die demokratischen Grundlagen des Flüchtlingsschutzes selbst infrage stellen. Globale ideologische Konflikte priorisieren Flüchtlinge aus manchen Staaten gegenüber anderen Staaten. Hier findet eine Abwägung statt, welche Flüchtlinge den aufnehmenden Staaten politisch oder wirtschaftlich nutzen und welche nicht. Regionen, in denen Europa etwa keine geostrategischen Vorteile sieht, Demokratie zu verteidigen, werden als Herkunftsstaaten irrelevant. So ergibt sich eine neue Selektion, die Flüchtlinge nicht mehr in erster Linie nach Fluchtgründen wie in der Flüchtlingskonvention und nach Bedürftigkeit wie im Humanitarismus unterscheiden, sondern nach politischer Opportunität. Flüchtlingsschutz basiert damit immer weniger auf individuellem

Asylrecht, das Schutzsuchende in demokratisch organisierten Staaten in Anspruch nehmen können. Eine verstärkte Orientierung hin zu humanitären Aufnahme- und Neuansiedlungsprogrammen (Resettlement) durch Deutschland und die EU nimmt dies seit rund zehn Jahren schon voraus: Staatliche Entscheidungen sollen darüber bestimmen, wer Schutz erhält. Flüchtlingsschutz wird nicht abgeschafft, sondern politisch und ideologisch statt rechtsstaatlich entschieden. Auch deshalb wird der individuelle Zugang zum Flüchtlingsrecht durch einen rigiden Grenzschutz beschnitten.

Der Schutz von Flüchtlingen ist eine zentrale Aufgabe für Demokratien. Er erfüllt eine wichtige ideologische und außenpolitische Rolle und hat im Blick auf den Widerstreit zwischen Demokratien und Autokratien sogar eine geopolitische Funktion. Er darf sich jedoch nicht in einer solchen Politisierung erschöpfen. Die Verletzung von Menschenrechten an den Außengrenzen und das einhergehende Unterminieren rechtsstaatlicher Asylverfahren stellen letztlich die Grundfesten der Demokratie selbst infrage. Soll Flüchtlingsschutz wirklich demokratisch sein, darf er nicht nur einem kurzfristig gedachten politischen Vorteil dienen. Nur wenn Europa die Rechte von Schutzsuchenden auch an seinen Außengrenzen schützt und Deutschland Flüchtlinge aus allen Regionen unterstützt, ohne damit einen geopolitischen, ökonomischen oder migrationspolitischen Nutzen zu verbinden, kann Demokratie als ein politisches Modell verteidigt werden, das Rechte glaubhaft und universal verteidigt. Letztlich liegt es an den Demokratien und an Demokratinnen und Demokraten, was sie aus der Zeitenwende machen. Nicht zuletzt im Umgang mit Flüchtlingen wird sich zeigen, ob die Demokratie gestärkt oder geschwächt wird.

Dr. J. Olaf Kleist arbeitet als Politikwissenschaftler mit dem Schwerpunkt Flucht- und Flüchtlingsforschung am Deutschen Zentrum für Integrations- und Migrationsforschung (DeZIM-Institut) in Berlin.

83

Dana Schmalz

Effektiver Rechtsschutz für Flüchtlinge: Lücken schließen, Fluchtgründe anerkennen

Wenn Menschen ihre Heimat wegen politischer Verfolgung, wegen Krieg oder massenhafter Gewalt oder auch wegen Umweltkatastrophen verlassen, dann sprechen wir von Flucht oder von Zwangsmigration. Die Übergänge zwischen freiwilliger und gezwungener Migration sind dabei oft fließend. Dass sich Menschen zur Auswanderung entscheiden, beruht meist auf einer Reihe von Faktoren: den Bedingungen am Ort, den sie verlassen, den finanziellen und sonstigen Ressourcen für die Reise und Ankunft, ihren rechtlichen und tatsächlichen Möglichkeiten, sich anderswo niederzulassen.

Das Recht prägt also Möglichkeiten und Entscheidungsfaktoren der Migration – durch Visumsbestimmungen, Regelungen zum Arbeitsmarktzugang und anderes. Umgekehrt sind die Gründe für Migration im Recht relevant, gerade wenn es sich um Zwangsmigration handelt: Staaten sind generell frei, Einreisemöglichkeiten nach Belieben zu gestalten, ausnahmsweise können sie aber durch Flüchtlingsrecht oder Menschenrechte zur Aufnahme verpflichtet sein. Während Staaten die Einwanderung zur Arbeit oder Ausbildung also nach Bedarf gestalten, haben sie sich vielfach durch Abkommen verpflichtet, diejenigen, die aufgrund von Not migrieren, nicht an den Grenzen abzuweisen. Flüchtlings- und menschenrechtlichen Pflichten kommt insofern eine Ausnahmerolle zu, die sie politisch so bedeutsam und ihre Auslegung so umstritten macht.

Gegenüber wem bestehen solche Pflichten zur Aufnahme? Wie wird darüber entschieden, und wie ist der Zugang zu Schutz geregelt? In den vergangenen Jahrzehnten wurden immer wieder Schutzlücken deutlich, und das Recht entwickelte sich in Reaktion auf diese Lücken weiter. So kamen bei der Auslegung des Flüchtlingsbegriffs neue Verfolgungsgründe hinzu, beispielsweise wegen sexueller Orientierung. Über Menschenrechtsgarantien wurde auch fehlende Gesundheitsversorgung im Herkunftsland als Grund für ein Ausweisungsverbot anerkannt. Heute bildet vor allem Zwangsmigration in Zusammenhang mit dem Klimawandel ein neues Problem, für welches bislang ein rechtlicher Rahmen fehlt.

Das internationale Flüchtlingsrecht in seiner heutigen Form nimmt den Anfang mit dem Abkommen über die Rechtstellung der Flüchtlinge aus dem Jahr 1951 (Genfer Flüchtlingskonvention, GFK). Davor gab es bereits vereinzelte internationale Abkommen zum Flüchtlingsschutz, die sich jeweils auf bestimmte Fluchtsituationen und Personengruppen bezogen. Die GFK formulierte erstmals eine abstrakte Definition des Flüchtlings, nämlich als einer Person, die sich »aus der begründeten Furcht vor Verfolgung wegen ihrer Rasse, Religion, Nationalität, Zugehörigkeit zu einer bestimmten sozialen Gruppe oder wegen ihrer politischen Überzeugung« außerhalb ihres Herkunftslandes befindet und nicht zurückkehren kann. Zunächst war diese Definition auf die Flucht infolge von Ereignissen vor 1951 beschränkt, das heißt wesentlich auf den Zweiten Weltkrieg bezogen; mit dem Protokoll von 1967 wurde sie generell anwendbar. Heute hat eine Mehrzahl von Staaten die GFK und das Protokoll unterzeichnet. Aufbauend auf der Definition des Flüchtlings, enthält die GFK eine Reihe von Pflichten, die Staaten gegenüber Flüchtlingen haben, insbesondere das Prinzip des Non-Refoulement, wonach Flüchtlinge nicht an der Grenze abgewiesen oder in Gebiete zurückgewiesen werden dürfen, in denen ihr Leben oder ihre Freiheit bedroht ist. Das Refoulement-Verbot gilt nach überwiegender Auffassung heute auch als Gewohnheitsrecht, also auch in den Staaten, die die GFK nicht ratifiziert haben.

Daneben besteht seit 1950 das UN-Hochkommissariat für Flüchtlinge (Office of the UN High Commissioner for Refugees, UNHCR). UNHCR hat das Mandat, für den Schutz von Flüchtlingen zu sorgen, unter anderem indem die Auslegung und Einhaltung des Flüchtlingsrechts durch Staaten begleitet und koordiniert werden. Mit dem »Handbuch und Richtlinien über Verfahren und Kriterien zur Feststellung der Flüchtlingseigenschaft« stellt UNHCR eine Anleitung zur Auslegung der GFK bereit und beeinflusst in entscheidendem Maße die Ausrichtung.

Während die Flüchtlingsdefinition der GFK international ausschlaggebend ist, bestehen daneben regionale Abkommen, die den Flüchtlingsbegriff weiter fassen. So schließt die Afrikanische Flüchtlingskonvention von 1969 zusätzlich auch Personen ein, die »aufgrund von äußerer Aggression, Okkupation, ausländischer Vorherrschaft oder Ereignissen, die ernsthaft die öffentliche Ordnung stören«, geflohen sind. Die in den meisten Staaten Lateinamerikas in nationales Recht umgesetzte Erklärung von Cartagena (1984) verweist zusätzlich auf »massive Menschenrechtsverletzungen« als mögliche Gründe von Flucht.

Insgesamt fand eine menschenrechtliche Perspektive immer stärker Eingang in den Flüchtlingsschutz, sei es durch eine entsprechende Interpretation der Kriterien der GFK, sei es durch unabhängige menschenrechtliche Schutzinstrumente.

Als Menschenrechte werden grundlegende Rechte bezeichnet, die allen Menschen zukommen sollen. Sie gelten universell, also unabhängig von Staatsangehörigkeit oder sonstigen Voraussetzungen. Die Allgemeine Erklärung der Menschenrechte von 1948 ist nicht bindend, formulierte aber einen ersten internationalen Katalog von Rechten. Mit dem Internationalen Pakt über bürgerliche und politische Rechte (IPbpR) und dem Internationalen Pakt über wirtschaftliche, soziale und kulturelle Rechte (IPwskR) folgten 1966 verbindliche Abkommen. Daneben bestehen regionale Abkommen, in Europa ist vor allem die Europäische Menschenrechtskonvention (EMRK) relevant und erlaubt auch, sich mit Individualbeschwerden an den Europäischen Gerichtshof für Menschenrechte (EGMR) zu wenden.

Aufgrund ihrer universellen Natur bilden Menschenrechte auch eine Grundlage für Pflichten der Staaten gegenüber Migrierenden, beispielsweise ihnen Zugang zu einem Verfahren zu gewähren oder ihr Leben zu schützen. Dabei besteht Verantwortung von Staaten nicht per se gegenüber allen Menschen, sondern ist je nach Abkommen an Voraussetzungen geknüpft. Für die EMRK ist dies das Kriterium der Hoheitsgewalt:

Staaten sind zur Rechtswahrung gegenüber all denjenigen verpflichtet, die ihrer Hoheitsgewalt unterstehen. Im Kontext von Migration geht es regelmäßig darum, wie dies auszulegen ist. So entschied der EGMR, dass auch jenseits des Territoriums eines Staates Hoheitsgewalt über Personen besteht, wenn diese von Staatsbeamten an Bord eines Schiffes genommen werden, nicht aber, wenn sie in einer Botschaft des betreffenden Staates einen Visumsantrag stellen.

Auch die EMRK kennt ein Zurückweisungsverbot. Dieses stützt sich wesentlich auf Artikel 3, welcher unmenschliche oder erniedrigende Behandlung verbietet und deshalb auch die Ausweisung in Situationen, in welchen eine solche Behandlung droht. Da Staaten regelmäßig vor einer Prüfung nicht erkennen können, ob einer Person bei Ausweisung unmenschliche oder erniedrigende Behandlung drohen würde, umfasst der dadurch geschützte Personenkreis zunächst weitaus mehr als nur diejenigen, die nach Prüfung einen Anspruch auf internationalen Schutz haben. Neben Artikel 3 EMRK verbietet Artikel 4 des 4. Zusatzprotokolls zu EMRK Kollektivausweisungen, fordert also, dass Staaten Raum für eine Betrachtung des einzelnen Falls geben. Die Vorschrift bildet insofern eine Absicherung des Schutzes, als sich überhaupt nur dann sicherstellen lässt, dass keine Personen trotz drohender unmenschlicher Behandlung ausgewiesen werden, wenn einzelne Fälle betrachtet werden. Neben der Absicherung reicht der Artikel 4 des 4. Zusatzprotokolls aber über den geschützten Personenkreis des Artikels 3 EMRK hinaus: Auch falls rückblickend klar ist, dass Personen keinen rechtlichen Anspruch auf internationalen Schutz haben, kann eine Verletzung des Verbots der Kollektivausweisung vorliegen.

Zu den großen offenen Fragen im Flüchtlingsrecht gehören heute der effektive Zugang zu Schutz, die Verantwortungsteilung zwischen Staaten sowie der Umgang mit klimawandelbedingter Migration.

Zugang zu Schutz war seit den Anfängen des internationalen Flüchtlingsrechts eine zentrale Frage. Staaten haben sich zwar über bindende Regeln zur Nichtzurückweisung geeinigt, aber wie Menschen an die Grenze oder auf das Territorium eines schützenden Staates kommen, ist nicht geregelt. Zunehmend haben sich Praktiken der Abschottung etabliert, durch Carrier Sanctions, mit welchen Transportunternehmen angehalten werden, ohne Visa nicht zu befördern, durch Zäune und sonstige Grenzanlagen, durch Kooperation mit Drittstaaten. Diese Bemühungen, Zugang zu verhindern, lassen das internationale Flüchtlingsrecht teilweise ins Leere laufen, und sie tragen zu einer Konkurrenz der Abweisung zwischen Staaten bei.

Dies wiederum ist direkt verbunden mit der offenen Frage der Verantwortungsteilung zwischen Staaten. Das internationale Recht legt Regeln nur für das Verhältnis zwischen Individuum und Staat fest; wie Staaten die Verantwortung für Flüchtlingsschutz unter sich aufteilen, ist nicht geregelt. Praktisch läuft es oftmals auf die Verantwortung der an Konfliktgebiete angrenzenden Staaten hinaus. Sind die Systeme dort überlastet, bewegt dies viele zur Weiterwanderung, unter erschwerten Bedingungen und gegen rechtliche Widerstände wie Rücknahmeabkommen und das Prinzip des sicheren Drittstaates, welche der Anerkennung als Flüchtling oft entgegenstehen. Die zwischenstaatlichen Konflikte über gerechte Verantwortungsteilung gehen letztlich zulasten der Schutzsuchenden, welche immer stärker als Belastung behandelt (und gewissermaßen »gehandelt«) werden.

Neben diesen strukturellen Problemen des internationalen Flüchtlingsregimes ist Migration im Zusammenhang mit dem Klimawandel die wohl größte Leerstelle. Das Flüchtlingsrecht sowie Menschenrechtsverträge sind auf akute Bedrohungen und klar identifizierbare Kausalitäten ausgerichtet. Bei klimabedingter Migration handelt es sich aber meist um komplexe Zusammenhänge. So tragen zunehmende Dürren zu wirtschaftlicher Not bei oder heizen soziale Konflikte an, Überschwemmungen zerstören Lebensraum, im Meer verschwindende Inseln lassen Menschen ohne Verfolgung heimatlos werden. Einerseits lässt sich die Rolle des Klimawandels für unfreiwillige Migration nicht leugnen, andererseits passen die Ursachen nicht in das bestehende Schema von Regelungen, sodass es mehr als einer erweiterten Auslegung bedarf.

Mit einem neuen Abkommen ist momentan politisch nicht zu rechnen. Entwicklungsperspektiven gibt es jenseits bindenden Völkerrechts: Im Dezember 2018 wurden mit dem Globalen Pakt für Flüchtlinge (Global

Compact on Refugees, GCR) und dem Globalen Pakt für sichere, geordnete und reguläre Migration (Global Compact for Safe, Orderly and Regular Migration, GCM) zwei Dokumente verabschiedet, welche für offene Fragen Antworten anzubieten versuchen. Die Pakte sind nicht bindend, aber können als sogenanntes Soft Law gelten, welches auch ohne Bindung normative Wirkung entfalten kann, beispielsweise durch Bezugnahme von Gerichten oder von zivilgesellschaftlichen Bewegungen. Der GCR widmet sich insbesondere dem Problem der Verantwortungsteilung zwischen den Staaten und enthält neben Prinzipien auch einen Rahmenplan zur Koordination von Hilfe, der Staaten zu mehr Beteiligung bewegen soll. Der GCM zielt auf einen umfassenden Blick auf Migration, welcher Flucht ebenso wie Arbeitsmigration einbezieht. Er benennt dabei auch klimabedingte Migration als Phänomen, welches weiterer zwischenstaatlicher Maßnahmen bedarf.

Im Kontext von klimabedingter Migration bilden auch die 2012 von Norwegen und der Schweiz gegründete Nansen Initiative und die daraus resultierende »Schutzagenda für grenzüberschreitend vertriebene Personen im Kontext von Katastrophen und Klimawandel« ein Beispiel für ein nicht bindendes Abkommen, welches zwischenstaatlich bestehende Standards und Best Practices identifiziert und spezifischen Handlungsbedarf formuliert.

Zu nennen ist beispielhaft auch die Model International Mobility Convention (MIMC) als ein Entwurf, welcher die Realität von vermischten Migrationsursachen und -formen anerkennt und auf dieser Grundlage umfassende Regelungen vorschlägt.

Insgesamt werden die kommenden Jahrzehnte von vielfältiger Migration geprägt sein, die aus akuten Konflikten resultiert, aber auch aus schleichenden Umweltveränderungen und aus der enormen globalen wirtschaftlichen Ungleichheit.

Dr. Dana Schmalz ist Referentin am Max-Planck-Institut für ausländisches öffentliches Recht und Völkerrecht in Heidelberg/Berlin.

Marc Engelhardt

Den Globalen Pakt für Migration aus der Vergessenheit holen

Für leidenschaftliche Reden ist Altbundeskanzlerin Angela Merkel nicht in Erinnerung geblieben. Doch Anfang Dezember 2018 in Marrakesch sprühte sie geradezu vor Leidenschaft und Vehemenz. Gerade hatten Vertreterinnen und Vertreter aus mehr als 150 Staaten den Globalen Pakt für eine sichere, geordnete und reguläre Migration (Global Compact for Safe, Orderly and Regular Migration, GCM) per Akklamation angenommen, da verteidigte Merkel das kurz »Migrationspakt« genannte Papier mit dem Argument, nicht Schleuser und Schlepper, sondern Staaten müssten entscheiden, wer in ihr Land komme. »Es lohnt sich, um diesen Pakt zu kämpfen – weil er Millionen Menschen helfen wird und weil er zeigt, wie wichtig globale Zusammenarbeit ist. Dieser Kampf hat erst begonnen.«

Vier Jahre später zeigt sich, wie recht Merkel gerade mit ihrem letzten Satz hatte. Der Migrationspakt ist weithin in Vergessenheit geraten. Von der Überprüfungskonferenz, die im Mai 2022 in New York stattfand, nahm die Öffentlichkeit keine Notiz. Selbst Experten trauten sich kaum, eine Bilanz des International Migration Review Forum (IMRF) zu ziehen. Schon die Ziele waren unklar. Das Forum sei »ein wichtiger Moment für die internationale Gemeinschaft, um über die bisherigen Erfolge bei der Umsetzung des Globalen Migrationspakts zu reflektieren«, verkündete der Direktor der Internationalen Organisation für Migration (IOM), António Vitorino. Die IOM koordiniert das UN-Netzwerk zur Migration, dem 39 Organisationen der sogenannten UN-Familie angehören, Weltbank und Weltpostunion inbegriffen. Diese kaum arbeitsfähige Struktur ist wohl auch ein Grund dafür, dass in New York allenfalls regionale Fortschritte etwa in Neuseeland verkündet werden konnten.

Dabei war schon im Dezember 2018 klar, dass der Migrationspakt ohne politische Anstrengungen im Nachgang nicht viel wert sein würde. María Fernanda Espinosa, Präsidentin der UN-Vollversammlung, auf der der Pakt mit großer Mehrheit endgültig beschlossen wurde, hatte den Gipfel von Marrakesch mit dem Aufruf beendet, jetzt müsse der Pakt mit Leben gefüllt werden. Die UN-Sonderbeauftragte Louise Arbour formulierte es so: Der Migrationspakt biete allen Nationen die Möglichkeit, ihre nationalen Interessen durch globale Kooperation voranzubringen. Doch wie inkompatibel diese Interessen waren, war bereits damals offensichtlich. Der designierte brasilianische Außenminister, Ernesto Araújo, verkündete zum Abschluss des Gipfels via Twitter, die Regierung des bereits gewählten Präsidenten Jair Bolsonaro werde den Migrationspakt ignorieren. Die USA unter Donald Trump hatten als einzige Nation bereits die Schlussverhandlungen boykottiert. In Österreich verkündete die Regierung nach einer Kampagne identitärer Gruppen, ihre Zustimmung zurückzuziehen. Und selbst das Bundesverfassungsgericht in Karlsruhe betonte in einem Urteil die Unverbindlichkeit des UN-Migrationspaktes, der keinen verbindlichen völkerrechtlichen Vertrag darstelle, sondern nur politische Selbstverpflichtungen enthalte.

Nach einer von Nationalisten und Ausländerfeinden geschürten Lügendebatte über frei erfundene »Migrationspflicht« und »Zwangsaufnahmen« von Migranten, die beide nie im Migrationspakt standen, erschien die Betonung der Freiwilligkeit schon ein Erfolg – als sei es genug, dass in der Migrationspolitik alles so bleibt, wie es ist. Damit aber wurde der Hauptzweck des Migrationspakts, den unzureichenden Status quo zu ersetzen, untergraben. Der Chef der Internationalen Föderation der Rotkreuz- und Rothalbmond-Bewegung, Francesco Rocca, hatte das in Marrakesch noch so erklärt: »Dieser Pakt birgt die Chance, ein total kaputtes System zu reparieren, in dem Helfer zunehmend zu Kriminellen abgestempelt werden – siehe Seenotrettung im Mittelmeer.«

Diese Chance ist bisher nicht ergriffen worden. Dabei war die Ausgangslage gut. Zum ersten Mal in ihrer Geschichte rangen die UN um eine globale Verständigung in Sachen Migration, zwei Jahre dauerte der Prozess. Teilnehmerinnen beschreiben ihn als respektvoll und faktenorientiert, ganz anders als die Debatte über »Migrationswellen«, die öffentlich von manchen Medien oder Politikern geschürt wurden und werden. Und doch spielen diese oft populistisch geführten Debatten eine Rolle, weil der Migrationspakt zum sogenannten Soft Law zählt, das alleine auf politische Verbindlichkeit setzt. Damit ähnelt er den 2015 beschlossenen Nachhaltigkeitszielen (Sustainable Development Goals, SDGs), die ebenfalls ein völkerrechtlich nicht verbindlicher Handlungsrahmen sind. »Dieser Globale Pakt stellt einen rechtlich nicht bindenden Kooperationsrahmen dar«, heißt es entsprechend in der Präambel des Migrationspakts. »In der Erkenntnis, dass die Migrationsproblematik von keinem Staat allein bewältigt werden kann, fördert er die internationale Zusammenarbeit zwischen allen relevanten Akteuren im Bereich der Migration und wahrt die Souveränität der Staaten und ihre völkerrechtlichen Pflichten.« Mithin sei der Migrationspakt weder für noch gegen Migration, sondern betrachte sie zunächst einmal als Faktum, so die Architektin des Migrationspakts, Louise Arbour. Das Ziel sei schlicht ein besseres Management der Migration, die nun einmal existiere. Letzteres lässt sich nicht leugnen: Bei Verabschiedung des Migrationspakts hatten mehr als 250 Millionen Menschen weltweit auf der Suche nach einem besseren Leben Ländergrenzen überquert. Unter ihnen auch drei Millionen Deutsche, die etwa in der Schweiz, in Norwegen oder Australien ihr Glück suchten. Doch genau darin, Migration als die Normalität zu beschreiben, die sie ist, liegt für manche Regierungen der politische Sprengstoff – vor allem dann, wenn sie Migration mit massiver Abschreckung unterbinden wollen.

Das zeigte sich erneut 2022 in New York, wo der Entwurf der Abschlusserklärung immer weiter verwässert wurde. Die Internierung von minderjährigen Migrantinnen und Migranten wurde, anders als zunächst geplant, nicht generell verurteilt. Auch die Abschnitte zur Legalisierung von Migration und zur Schaffung entsprechender Möglichkeiten wurden massiv abgeschwächt. Die Klimakrise, im Migrationspakt als Grund für wachsende Wanderungen anerkannt, fand ebenfalls kaum Erwähnung, wurde aber zumindest in den Redebeiträgen erwähnt. Tobias Lindner, der als Staatssekretär im Auswärtigen Amt für die Bundesregierung sprach, machte in seiner Rede einen der größten Widersprüche deutlich: Zwar sei es leicht, überzeugend darzulegen, dass die Klimakrise Menschen zur Migration zwinge. Dessen ungeachtet gebe es eine anhaltend geringe Bereitschaft in Europa, diese Klimamigration zu akzeptieren. Nicht nur im Klimakontext sind es Paradoxe wie dieses, die reale Fortschritte in der globalen Migrationspolitik verhindern.

Zwar ändern die Ergebnisse der Überprüfungskonferenz rein formal nichts an den Selbstverpflichtungen, die Staaten im Migrationspakt eingegangen sind. Sie gelten weiterhin. Doch die enttäuschende Zwischenbilanz ist der Gradmesser dafür, inwiefern Regierungen gewillt sind, diese – freiwilligen – Verpflichtungen in den kommenden Jahren umzusetzen. Offenbar ist diese Bereitschaft gering.

So konstatiert die Global Coalition on Migration, die Welt sei vier Jahre nach Marrakesch von der Vision einer sicheren, geordneten und regulären Migration weit entfernt. Gerade die Coronapandemie habe Nationalismus, Fremdenfeindlichkeit und Rassismus noch verschärft. Staaten hätten auf die unsichere Lage mit der Schließung und Militarisierung von Grenzen reagiert und Migrantinnen und Migranten kriminalisiert. Die Unsicherheit infolge des russischen Kriegs in der Ukraine dürfte es weiter erschweren, die 23 Ziele des Migrationspakts zu erreichen. Zu ihnen gehören die Beseitigung von Fluchtursachen, die Menschen überhaupt erst dazu bringen, ihre Länder zu verlassen; ein integriertes, sicheres und koordiniertes Grenzmanagement; die Bekämpfung von Schleusern und Menschenhandel und die Zusammenarbeit bei einer sicheren Rückkehr in die Heimatländer und dortige Reintegration. Auch die Gewährleistung von Grundleistungen für Migranten, die Rettung von Menschenleben und die Stärkung von Rechtssicherheit und Planbarkeit bei Migrationsverfahren sind im Migrationspakt enthalten. Von Gegnern des Pakts besonders kritisiert wird das Ziel, Wege für eine reguläre Migration besser verfügbar zu machen.

Wie wichtig die öffentliche Debatte über diese Ziele wäre, zeigt die aktuelle Diskussion, gesuchten Arbeitskräften die Migration nach Deutschland zu ermöglichen. Diese Art von Arbeitsmigration, der gezielte Ausbildungskampagnen in den Ausgangsländern vorausgehen könnten, gilt als eine Interpretation des Pakts. Kritikerinnen wie Cecilia Cannon vom Genfer Hochschulinstitut für internationale Studien und Entwicklung glauben hingegen, der Gedanke greife zu kurz. »Viele Staaten wollen Migranten sogar erst dann aufnehmen, wenn es gerade den passenden freien Job gibt. Aber der Arbeitsmarkt ist ständig in Bewegung. Und wir vernachlässigen, zu welchen Innovationen und kreativen Leistungen Menschen in der Lage sind, auch arme oder schlecht ausgebildete Migranten. Wenn man ihnen die Chance gibt, dann machen sie etwas daraus.«

Aktuell weist nichts darauf hin, dass solche Debatten bis zur nächsten Überprüfungskonferenz 2026 im Rahmen der UN geführt werden. Auch die geplanten regionalen Kooperationen zur Verbesserung der Migration stocken. Der EU-Migrationspakt schreibt – trotz der verwirrenden Namensgleichheit – vor allem die bisherige Asylpolitik samt Grenzsicherung fort. Und für die in Marrakesch angekündigte »Koalition der Willigen« für die Aufnahme von Migranten innerhalb der EU warb die deutsche Innenministerin auch 2022 noch.

Tatsächlich steht der Kampf um eine globale Migrationspolitik also immer noch am Anfang. Doch es lohnt sich auch immer noch, weiter für die Umsetzung des Pakts zu kämpfen. Nicht zuletzt ist er die Basis dafür, sich den Diskurs über Migration nicht länger von rechts aufzwingen zu lassen. Diejenigen, die sich täglich um Migrantinnen und Migranten kümmern, haben bereits in Marrakesch klargemacht, dass ihnen der Pakt nicht reicht – dass etwa bei Rückführungen der Mensch und nicht die Quote im Mittelpunkt stehen muss – und dass legale Einwanderungswege nicht nur denjenigen zugutekommen dürfen, die zufällig gerade heute auf dem Arbeitsmarkt benötigt werden. Darüber und über die Finanzierung dieser Ziele soll und muss in den kommenden Jahren in den UN-Mitgliedstaaten gestritten werden, mit kräftigem Druck aus der Zivilgesellschaft. In Marrakesch hat die Welt erstmals entschieden, dass sie die Herausforderung der Migration gemeinsam angehen will. Damit das geschehen kann, muss der Migrationspakt zunächst einmal aus der Vergessenheit geholt und ins Zentrum der politischen Debatte gestellt werden.

Marc Engelhardt ist Journalist und Autor. Seit 2011 berichtet er von Genf aus über die Geschehnisse bei den Vereinten Nationen. Bei der Verabschiedung des Migrationspakts in Marrakesch war er vor Ort.

Victoria Rietig

Dreckige Drittstaaten-Deals und saubere Zusammenarbeit: Aus dem Dilemma der Migrationskooperation das Beste machen

Der EU-Türkei-Deal ist wahrscheinlich der bekannteste Drittstaaten-Deal in Deutschland. Die Kritik an ihm ist umfassend: Er begünstigt Menschenrechtsverletzungen. Er ist teuer. Er ist dysfunktional. Er verrät die europäischen Werte. Und doch gibt es ihn seit 2016. Warum sind solche Deals trotz der vielen Nachteile so langlebig? Welche Arten von Drittstaaten-Deals gibt es, und welche Gefahren bergen sie? Warum gibt es immer mehr von diesen Deals? Und wie sollten wir mit ihnen umgehen?

Die Grundlagen sind einfach. Drittstaaten-Deals sind Vereinbarungen mit nicht europäischen Staaten mit dem Ziel, Migrationsströme zu steuern oder zu verringern. Die teilnehmenden Staaten schneidern diese Vereinbarungen, grob gesagt, nach zwei Mustern: entweder so, dass weniger Menschen irregulär an europäischen Grenzen ankommen – hier ist das Ziel also die Migrationsreduktion lange vor den eigenen Grenzen –, oder so, dass die Verantwortung für die Schutzprüfung nicht (nur) in oder bei europäischen Ländern liegt – hier ist das Ziel, die Verantwortung zu verlagern.

Bekannte Beispiele für das erste Modell sind der EU-Türkei-Deal, die Kooperation Italiens mit Libyens Küstenwache, die spanisch-marokkanische Grenzzusammenarbeit – all diese Kooperationen gibt es seit Jahren. Neuer und weniger bekannt, aber genauso gestrickt ist auch eine Vereinbarung innerhalb Europas, nämlich zwischen England und Frankreich. Das Vereinigte Königreich ist seit dem Brexit ein Drittstaat und tut nun das, was sonst die EU und seine Mitgliedstaaten tun: Es bezahlt einem anderen Land großzügige Summen in der Hoffnung, die Ankünfte im eigenen Land zu verringern. Im Sommer 2021 kündigte England an, Frankreich mehr als 70 Millionen Euro für Sicherheitskräfte und Ausrüstung bezahlen zu wollen, um die irreguläre Migration über den Ärmelkanal zu reduzieren. Nach Medienberichten erfolgte die Auszahlung jedoch nicht, während die Zahl der Menschen, die in kleinen Booten an Englands Küste ankommen, stetig stieg.

Die zweite Art Drittstaaten-Deal, bei dem europäische Länder die Verantwortung für die Schutzfeststellung auf andere Staaten verlagern, indem Asylprüfungen außerhalb Europas durchgeführt werden (external, extraterritorial oder auch offshore processing genannt) oder die Asylprüfung sogar ganz an ein anderes Land abgegeben wird, bringt ebenfalls weit bekannte und kritisierte Beispiele hervor. Ein aktueller Fall ist die Vereinbarung zwischen dem Vereinigten Königreich und Ruanda. Im April 2022 kündigte die britische Regierung an, irregulär in England ankommende Asylbewerberinnen und Asylbewerber in das mehr als 4.000 Kilometer entfernte Ruanda zu schicken und dem zentralafrikanischen Land im Gegenzug 120 Millionen Pfund bezahlen zu wollen. Die Opposition bezeichnete den Plan als unethisch und unpraktisch, und das UN-Flüchtlingskommissariat (UNHCR) warnte vor drohenden Menschenrechtsverletzungen.

Diese Kritik deckt sich mit der an früheren Politiken dieser Art, die mittlerweile eingestellt sind, wie etwa Australiens »Pazifische Lösung«, bei der ab Anfang der 2000er mit dem Boot Ankommende zur Schutzprüfung auf die Inselstaaten Nauru und Manus sowie nach Papua-Neuguinea geschickt wurden. Aber auch Israels Initiative, die ab dem Jahr 2013 Asylsuchende vor die Wahl stellte, ob sie lieber in einem Lager in der Wüste Negev inhaftiert oder nach Ruanda geschickt werden wollen, um dort Asyl zu beantragen (was sie dann dort doch nicht durften).

All diese Drittstaaten-Deals sind auf die teilnehmenden Staaten maßgeschneidert und unterscheiden sich in ihren Details, aber sie haben vier zentrale Gemeinsamkeiten.

Erstens bergen sie große Gefahren für die Rechte von Migrantinnen und Migranten. Einige sitzen in einem Drittstaat fest, der vielleicht als sicher deklariert ist, aber es de facto vielleicht nicht oder nur eingeschränkt ist. Andere sind inhaftiert oder haftähnlich untergebracht, wo sie bis zu ihrem unfreiwilligen Weitertransport (oder gar bis zum Abschluss ihrer Schutzprüfung und darüber hinaus) eingesperrt sind. Die Zentren auf den pazifischen Inseln machten jahrelang Schlagzeilen unter anderem wegen ihrer unzureichenden Gesundheitsversorgung, aber auch weil Kinder mit ihren Familien teils jahrelang eingesperrt waren und oftmals kein Ende der Haft absehbar war. Der Vorwurf des rechtsfreien Raumes ist in solchen Fällen berechtigt.

Zweitens sind Drittstaaten-Deals oft informell, nicht vollumfänglich öffentlich und vage. Es sind meist inoffizielle Vereinbarungen oder Erklärungen, aber keine rechtlich bindenden Verträge oder Abkommen. Daher kommt auch die saloppe Bezeichnung »Deal«, die diesen informellen Charakter betont – der offizielle Name »EU-Türkei-Erklärung« rollt schwerfälliger von der Zunge. Zudem sind die Vereinbarungen oft so schwammig formuliert, dass, selbst wenn ihre Details öffentlich sind, der Informationsgehalt gering ist. Das Informelle der Vereinbarungen macht es schwerer, ihre Umsetzung zu kontrollieren. Beispielsweise hat das EU-Parlament keinerlei Kontrolle über den EU-Türkei-Deal, da er kein EU-Instrument ist, sondern lediglich eine lose Erklärung einzelner EU-Mitgliedstaaten mit der Türkei, die jederzeit ohne rechtliche Folgen verletzt werden kann.

Der dritte Fakt, der allen Drittstaaten-Deals gemeinsam ist: Sie haben oft einen geringen numerischen, aber einen hohen abschreckenden Effekt. Besonders bei den beschriebenen Deals, die eine Asylprüfung außerhalb Europas vorsehen, ist die Zahl der tatsächlich betroffenen Migrantinnen und Migranten gering. Australien schickte zwischen 2013 und 2021 etwa 3.100 Menschen nach Nauru und Papua-Neuguinea. Das Vereinigte Königreich versuchte gut hundert Menschen in den Flieger nach Ruanda zu setzen, doch die Zahl schrumpfte am Ende auf sieben – bevor der symbolträchtige erste Flug dann nach einem aufschiebenden Gerichtsurteil ganz unterblieb. Umso größer ist aber der PR-Effekt. Die Ankündigung von Drittstaaten-Deals garantiert Presseaufmerksamkeit. Je länger Medien die Deals in den Schlagzeilen halten und je kritischer sie im Blick auf die Menschenrechte beurteilt werden, umso wahrscheinlicher ist, dass diese Nachrichten potenzielle neue Migrantinnen und Migranten erreicht und diese (so die Hoffnung der Regierungen) daraufhin ihr anvisiertes Zielland ändern. Inwiefern dies tatsächlich der Fall ist, ist allerdings nicht geklärt.

Und viertens sind alle Drittstaaten-Deals teuer. Immens teuer. 70 Millionen für Frankreich, 120 Millionen für Ruanda – das Vereinigte Königreich bezahlt großzügig. Ganz zu schweigen von dem nicht abgehobenen Flieger, der die britischen Steuerzahler eine weitere halbe Million Pfund kostete. Australiens Rechnung ist noch höher. Alleine das Zentrum auf Nauru kostete zwischen 2017 und 2021 satte 1,7 Milliarden Australische Dollar. Der EU-Türkei-Deal begann mit drei Milliarden Euro, gefolgt von weiteren drei Milliarden. Das viele Geld erkauft die praktische Umsetzung der Deals, aber vor allem den politischen Willen des Drittstaats. Doch der kann mit der Zeit nachlassen.

Trotz dieser vielen Nachteile werden Drittstaaten-Deals immer häufiger. Seit Anfang des 21. Jahrhunderts greifen Staaten in ihrem Werkzeugkasten der Migrationspolitik immer öfter zu solchen Deals und versuchen, dafür andere Länder zu gewinnen. Wie die genannten Beispiele zeigen, ist dies kein europäisches Phänomen, sondern eines westlicher Zielländer. Auch die USA haben Vereinbarungen mit Mexiko und Guatemala, um Migrantinnen und Migranten schon an der Südgrenze Mexikos zu stoppen und sie postwendend wieder zurückzuschicken. Diese Politiken haben zwar unter Trump zugenommen, aber Obama führte sie ein.

Woher kommt dieses wilde Wachstum von Drittstaaten-Deals? Drei Gründe spielen zusammen. Der wichtigste Grund: Die Deals funktionieren. Sie haben zwar oft keinen langfristigen, aber einen schnellen Effekt, der direkt sichtbar ist. Nach Abschluss des EU-Türkei-Deals sank die Zahl der auf den griechischen Inseln ankommenden Menschen und blieb lange ungewöhnlich niedrig. Drittstaaten-Deals sind daher für Regierungen nützlich, denn sie suggerieren Handlungsfähigkeit. Sie gehen zwar mit menschenrechtlichen Problemen und finanziellen Kosten einher, und sie funktionieren nur so lange, wie die jeweiligen Drittländer für sich einen Nutzen sehen und sie umsetzen. Aber ein kurzer und teurer Effekt ist besser als kein Effekt – so die Regierungslogik.

Der zweite Grund für die Zunahme der Deals: Sie sind nur eine weitere Spielart des weltweiten Trends der vergangenen 20 Jahre zu immer harscheren Migrationsmanagement-Werkzeugen. Das bekannteste andere Beispiel sind Mauern und Zäune – die Hälfte aller Grenzbefestigungen, die seit dem Zweiten Weltkrieg errichtet wurden, sind seit dem Jahr 2000 erbaut worden. Abschottung hat Konjunktur.

Drittens sind in den vergangenen 20 Jahren Mechanismen und Plattformen entstanden, die die globale Migrationskooperation fördern – insbesondere zwischen Ländern, die keine direkten Nachbarn oder Teil derselben Weltregion sind. Das seit 2007 tagende Global Forum on Migration and Development hat Grundlagen gelegt. Vereinbarungen wie der UN-Migrationspakt und der UN-Flüchtlingspakt haben das Prinzip von Migrationszusammenarbeit noch fester verankert. Das Resultat: Migrationskooperation ist heute mehr denn je en vogue. Sie wird von allen politischen Richtungen gefordert. Aber dieselben Mechanismen, die die Rechte von Migrantinnen und Migranten fördern sollen, erleichtern auch den Austausch und das Anbandeln mit neuen Partnerländern, für die diese Rechte wenig zählen.

Wie sollen wir, Deutschland und Europa, also mit den vertrackten Drittstaaten-Deals umgehen? Zwei Vorschläge: Wir sollten Positivbeispiele nutzen und gleichzeitig die Grenzen der Migrationskooperation anerkennen.

Nicht alle Drittstaaten-Deals sind dreckig oder schlecht, denn es kommt auf die Ausgestaltung an. Es gibt Positivbeispiele, die Menschen schützen und die wir nutzen sollten. In den letzten Jahren konnten wir mehrfach das Unterschlupfmodell (safehouse processing) beobachten, bei dem akut bedrohte Menschen schnell in einem Drittland in Sicherheit gebracht werden, wo dann die Schutzprüfung stattfindet. So brachte UNHCR beispielsweise im Rahmen des Protection Transfer Arrangement (PTA) zwischen 2016 und 2018 um die 140 Menschen aus Honduras, El Salvador und Guatemala nach Costa Rica, bevor sie dann in die USA, nach Kanada, Australien und Uruguay umgesiedelt wurden. 2021 brachten die USA zudem Tausende Afghaninnen und Afghanen in Albanien, Kosovo und Nordmazedonien unter, wo Schutzprüfungen durchgeführt wurden, bevor es weiter in die USA ging. Der historische Ursprung dieses Vorgehens ist das sogenannte Orderly Departure Program, das nach 1979 mehr als eine halbe Million Vietnamesinnen und Vietnamesen nutzten, um auf sicherem und legalem Wege in die USA einzureisen. Auch wenn jedes dieser Programme Schwächen hat und Kritik verdient – es sind doch Positivbeispiele.

Auch das Unterschlupfmodell ist ein Drittstaaten-Deal, allerdings mit einem Knackpunkt: Der Wille, tatsächlich Menschen in Sicherheit zu bringen und zumindest teilweise aufzunehmen, muss bei allen beteiligten Ländern da sein. Das Modell schützt die Betroffenen nur, wenn die Aufnahme Schutzbedürftiger tatsächlich passiert, und nicht, wenn das Ziel ist, möglichst viele Menschen wegzuhalten. Und wenn die Drittstaaten tatsächlich Schutz geben können und wollen. Wenn Deutschland Partnerschaften mit Ländern eingeht, deren Regierungen schnelles Geld machen wollen und in denen schon die Interessen der eigenen Bevölkerung nicht viel gelten, dann ist es unwahrscheinlich, dass Migrantinnen und Migranten dort echten Schutz bekommen.

Im Koalitionsvertrag der Bundesregierung von 2021 steht, dass die Antragstellung von außerhalb Europas geprüft werden soll. Bei dieser Prüfung sollten das Unterschlupfmodell und die hier beschriebenen Programme einbezogen werden.

Traurig, aber wahr ist jedoch auch: Gute Migrationszusammenarbeit kann sichere Wege für einige Menschen herstellen, aber eben nicht für alle. Selbst wenn beim Unterschlupfmodell ein großer Teil der Menschen Schutzstatus bekommen kann, so wird es trotzdem immer Menschen geben, deren Überprüfung negativ beschieden wird und die mit Zwang in ihre Länder abgeschoben werden oder langfristig am Unterschlupfort festsitzen. Selbst wenn wir eine ausgezeichnete Kooperation mit einem Drittstaat haben (legale Wege für Hoch- wie Niedrigqualifizierte, eine Kooperation, die neben Migration auch Wirtschaft, Entwicklung, Bildung und Gesundheit umfasst), wird es bei starkem Druck weiterhin zu irregulärer Migration und menschlichem Leid kommen. Es wäre aber ein Denkfehler, Migrationskooperationen abzulehnen, nur weil sie das Gesamtproblem nicht lösen.

Drittstaaten-Deals sind wie Migration selber: Sie sind nicht gut und nicht schlecht – sie können aber gute und schlechte Effekte haben, je nachdem, wie klug die Regierungen sie gestalten. Drittstaaten-Deals grundlegend abzulehnen hilft daher genauso wenig, wie sie als Patentrezept nutzen zu wollen, egal mit welchen Partnerländern. Stattdessen sollte von Fall zu Fall geprüft werden, ob sie unseren Werten und Gesetzen entsprechen und die gewünschten Effekte haben. Ist dies nicht der Fall, ist die wichtigste Frage: Haben wir eine bessere Alternative? Denn ohne gangbare Alternative bleiben auch schlechte Drittstaaten-Deals in Kraft.

Victoria Rietig leitet das Migrationsprogramm der Deutschen Gesellschaft für Auswärtige Politik (DGAP).

Erik Marquardt

Koalition der Willigen statt heimliches Einvernehmen: Die Menschenrechtsverletzungen an den EU-Außengrenzen müssen aufhören

Während ich diesen Beitrag schreibe – im August 2022 –, erreicht mich die Nachricht, dass ein fünfjähriges Mädchen am Grenzfluss Evros zwischen der Türkei und Griechenland gestorben ist. Ihr Name ist Maria. Sie gehörte zu einer Gruppe, die zum Spielball zwischen der Türkei und Griechenland wurde. Eigentlich hätte die Gruppe das Recht darauf gehabt, Asylanträge in Griechenland zu stellen, doch dieses Recht verweigert Griechenland ankommenden Schutzsuchenden systematisch und bringt sie stattdessen in lebensbedrohliche Situationen. Wer sich mit dem Thema beschäftigt, erfährt inzwischen täglich von solch grausamen Verbrechen. Als im September 2015 das Foto des ertrunkenen dreijährigen Alan Kurdi um die Welt ging, sorgte das noch für weltweites Aufsehen, und viele Menschen solidarisierten sich angesichts dieser untragbaren Verhältnisse mit den Menschen, die vor dem syrischen Bürgerkrieg flohen. Über den Tod der fünfjährigen Maria wird hingegen kaum mehr berichtet. Es scheint fast, als hätten wir uns in Europa damit abgefunden, dass Kinder an unseren Grenzen sterben, dass rechtsstaatliche Verhältnisse außer Kraft gesetzt werden. Grundlegende Menschenrechte werden Flüchtenden an unseren Außengrenzen seit Jahren systematisch und zunehmend verweigert. Es ist dabei fast egal, welche Gesetze gelten, welche Rechte die Menschen haben. Stattdessen machen wir unsere Grenzen dicht, arbeiten mit Diktatoren zusammen, misshandeln und treiben Menschen über die

Grenze zurück, die es in die Europäische Union geschafft haben. Jene, die erst einmal bleiben dürfen, stecken wir in Camps, die eher Gefängnissen gleichen als Flüchtlingsunterkünften.

Im Juli 2022 erschien eine Recherche von Forensic Architecture, einer investigativen Agentur, über das Aussetzen von Flüchtlingen (Driftbacks) in der Ägäis, wovon nachweislich 27.464 Geflüchtete betroffen waren. In 26 Fällen wurden Menschen direkt und ohne Rettungsweste von der griechischen Küstenwache ins Meer geworfen. Doch die griechische Küstenwache trägt nicht die alleinige Verantwortung für dieses kriminelle Handeln. Frontex, die Europäische Agentur für die Grenz- und Küstenwache, war bei mindestens 122 Driftbacks direkt involviert und hat noch von vielen weiteren Kenntnis gehabt, ohne sie zu melden. Diese und viele andere Menschenrechtsverbrechen durch die griechischen Behörden sind durch seriöse investigative Medien gut dokumentiert. So wurde im Juni 2022 dank einer Recherche des *Spiegel* auch bekannt, dass Geflüchtete, die bereits in Griechenland waren, dazu gezwungen wurden, andere Flüchtende zu misshandeln und in die Türkei zurückzuprügeln. Doch der griechische Premierminister Kyriakos Mitsotakis, der Migrationsminister Notis Mitarachi und der Vizepräsident der EU-Kommission Margaritis Schinas – alle drei Mitglieder der konservativen Nea Dimokratia – leugnen diese Verbrechen und werfen seriösen Medien vor, »Fake News« oder auch »türkische Propaganda« zu verbreiten. Die Angriffe des griechischen Staates auf den Journalismus sind inzwischen so umfangreich, dass Griechenland auf der 180 Staaten umfassenden Rangliste der Pressefreiheit von Reporter ohne Grenzen von Rang 70 im Jahr 2021 auf Rang 108 im Jahr 2022 abgerutscht ist – nur Russland und Belarus stehen in Europa noch schlechter da. Im Innenausschuss des Europäischen Parlaments hat mir Notis Mitarachi vorgeworfen, ich würde Lügen verbreiten, wenn ich auf die Menschenrechtsverletzungen aufmerksam mache. Das Problem ist, dass konservative und rechte Kräfte in der EU ihm glauben – oder auch vorgeben, ihm zu glauben –, weil sie die Menschenrechtsverletzungen für geboten halten, solange dadurch weniger Menschen in der EU ankommen.

Griechenland ist nicht der einzige EU-Staat, der so eklatant gegen die Grundrechte von Menschen auf der Flucht verstößt. Malta ignoriert inzwischen systematisch Notrufe in seiner eigenen Rettungszone und macht deutlich, dass es Menschen lieber ertrinken lässt, als sie zu retten. Italien lässt Gerettete derzeit zwar noch an Land gehen, versucht danach aber die Seenotrettungsschiffe am Auslaufen zu hindern. Unter einer drohenden Rechtsregierung in Italien würde sich wahrscheinlich sogar die aktuell bereits prekäre Lage für die zivile Seenotrettung noch verschlimmern. Auch an der Außengrenze zwischen Kroatien und Bosnien-Herzegowina kommt es regelmäßig zu schwersten Menschenrechtsverletzungen, bei denen es zu Gewalt, Folter und auch zu Fällen sexuellen Missbrauchs kommt. Auch hier liegt die Zahl der Pushbacks, die bisher verzeichnet wurden, im fünfstelligen Bereich.

Um dieses Problem anzugehen, wurde auf Druck der EU-Kommission 2021 ein Überwachungsmechanismus eingeführt. Dieser war allerdings wirkungslos, weil die kroatische Regierung sich aussuchen konnte, wer sie kontrolliert, und der Mechanismus damit nicht unabhängig war. Und selbst dieser Mechanismus wurde nicht fortgeführt, weil die kroatische Regierung den Auftrag schlicht nicht mehr ausschrieb. Die kriminellen systematischen Pushbacks werden indes fortgeführt. Die Festung Europa wird mit krimineller Gewalt aufrechterhalten.

In Polen hat die rechte Regierung eine sehr eigene »Lösung« für Pushbacks gefunden und diese schlicht im nationalen Recht »legalisiert«. Auf den Social-Media-Profilen des polnischen Grenzschutzes wird regelmäßig ganz offen kommuniziert, wie viele Pushbacks nach Belarus die polnischen Grenzschützerinnen und Grenzschützer durchgeführt haben. Dabei kann nicht einfach im nationalen Recht legalisiert werden, was nach EU-Recht illegal ist. Somit verstößt Polen hier klar und offen gegen rechtsstaatliche Standards der EU, weswegen eigentlich ein Vertragsverletzungsverfahren eingeleitet werden müsste. Besonders bitter sind die Pushbacks durch Polen auch, weil sie vor allem gegen nicht weiße Menschen eingesetzt werden, während Polen gleichzeitig Hunderttausende Menschen aus der Ukraine aufgenommen hat. So wichtig und richtig die Aufnahme ukrainischer Geflüchteter auch ist, zeigt sich so doch am offensichtlichsten der rassistische Charakter der polnischen – und leider auch europäischen – Flüchtlingspolitik.

Hinzu kommt die Kriminalisierung von Solidarität. Seit 2015 erleben wir in Europa, wie immer mehr Menschen in immer mehr EU-Staaten kriminalisiert werden, weil sie solidarisch mit Geflüchteten sind. Selbst für die Rettung von Menschen in Seenot müssen sich derzeit Menschen in Italien und Griechenland vor Gericht verantworten, wo ihnen Gefängnisstrafen drohen. Aus der von mir in Auftrag gegebenen Studie »Resilienz und Widerstand« geht hervor, dass allein zwischen Januar 2021 und März 2022 mindestens 89 Personen kriminalisiert wurden, weil sie Menschen auf der Flucht geholfen haben. In den allermeisten Fällen ging es darum, dass sie Menschen auf der Flucht Nahrung, Unterkunft, medizinische Hilfe oder Transportmittel zur Verfügung gestellt oder ihnen bei ihren Asylanträgen geholfen haben. Zudem ist besorgniserregend, dass auch Geflüchtete, die Menschenrechte verteidigen, kriminalisiert werden. Diese Personen befinden sich in einer besonders gefährdeten Situation, da ihnen Abschiebung, Zurückschiebung, willkürliche Inhaftierung und Verlust ihres Status oder auch finanzielle und soziale Konsequenzen drohen.

Die Politik in den jeweiligen EU-Staaten unterscheidet sich, aber sie folgt einer gemeinsamen Logik. Man ist bereit, die Grundrechte von Menschen auf der Flucht zu verletzen und schwerste Menschenrechtsverletzungen zu begehen, damit weniger Menschen in der EU ankommen und einen Antrag auf Asyl stellen können. Damit diese Politik funktioniert, müssen EU-Kommission und EU-Rat Augen und Ohren verschließen und so tun, als wären diese systematischen Verbrechen nicht offensichtlich. Als Abgeordneter habe ich in der Legislaturperiode seit 2019 drei Dutzend Anfragen zu Asyl und Migration an die Kommission gestellt – die meisten zu mutmaßlich illegalen Handlungen durch EU-Staaten oder EU-Agenturen wie Frontex. Die Antworten der Kommission sind ausweichend oder ignorieren die offensichtliche Realität an unseren Außengrenzen. Die Kommission zeigt sich manchmal »besorgt« oder will Sachverhalte aufklären, nutzt aber nur selten die Instrumente, die ihr zur Verfügung stünden. Ihrer Rolle als Hüterin der Verträge wird die EU-Kommission so nicht gerecht. Die 27 Mitgliedstaaten konnten sich bisher nicht auf eine gemeinsame EU-Asylpolitik einigen. Die einzigen Punkte, bei denen es vorangeht, seit die EU-Kommission im September 2020 ihren Vorschlag für eine Reform vorgestellt hat, sind jene Punkte, in denen es um die Abschottung der EU und die Verschärfung des Asylrechts geht. Die Logik dahinter: Wenn weniger Schutzsuchende in der EU ankommen, dann gibt es auch weniger Streit zwischen den Staaten um ihre Verteilung. Also versucht man die Zahl der Flüchtlinge, die es bis in die EU schaffen, möglichst niedrig zu halten. Dafür ist man dann auch bereit, Menschenrechte und die Grundrechte von Menschen auf der Flucht zu verletzen: sie an den Außengrenzen zu schlagen und zurückzuschleppen, sie im Mittelmeer ertrinken zu lassen, in die Ägäis zu werfen oder Diktatoren dafür zu bezahlen, dass die Menschen erst gar nicht in der EU ankommen. Es gibt unter den Verantwortlichen ein heimliches Einvernehmen darüber, dies so weiterlaufen zu lassen. Dabei ginge es auch anders.

Zu dieser Politik der Abschottung und der Menschenrechtsverletzungen gibt es Alternativen. Für die braucht es Mut, politischen Willen und Respekt vor der Rechtsstaatlichkeit. Zunächst muss Druck auf bestimmte Staaten ausgeübt werden, damit die Pushbacks enden und wieder Rechtsstaatlichkeit herrscht. Um zu kontrollieren, ob die Pushbacks wirklich aufgehört haben, müssen an den Außengrenzen unabhängige und von der EU finanzierte Menschenrechtsbeobachtungen stattfinden. Diese müssen gut ausgestattet sein und dürfen nicht von den Mitgliedstaaten abhängen, die selbst gegen geltendes Recht verstoßen. Auf Verstöße und Verletzungen der Grundrechte von Schutzsuchenden müssen ernst zu nehmende Konsequenzen und Sanktionen folgen, damit unsere gemeinsamen Außengrenzen kein menschenrechtsfreier Raum mehr sind. Außerdem müssen wir aufhören, uns von Autokraten an unseren Außengrenzen erpressbar machen zu lassen, indem wir sie dafür bezahlen, Menschen auf der Flucht aufzuhalten. Der zweite große wunde Punkt ist die Solidarität unter den Mitgliedstaaten. Es ist leicht, aus Brüssel oder Berlin den Zeigefinger in Richtung der Staaten an den Außengrenzen zu erheben. Doch die Staaten, in denen die meisten Geflüchteten ankommen, brauchen auch Solidarität von anderen Mitgliedstaaten. Jahrelang galt ein solcher Solidaritätsmechanismus als kaum realisierbar. Doch als Millionen Menschen aus der Ukraine nach Europa flohen, haben sich alle EU-Staaten bereit erklärt, Menschen aufzunehmen. Sie haben damit gezeigt, dass diese Solidarität und gemeinsames Handeln möglich sind. Es kann einen wirksamen Flüchtlingsschutz geben, man muss ihn nur wollen.

Diese Solidarität zwischen den Mitgliedstaaten, die sich infolge des Ukrainekrieges gezeigt hat, brauchen wir nun auch, wenn es um Geflüchtete aus anderen Staaten geht. Es sollte einen Mechanismus geben, der Solidarität und Aufnahme belohnt und jene Staaten sanktioniert, die Solidarität verweigern. Wir brauchen zunächst eine Koalition der Willigen. Diese kann beweisen, dass es kein Nachteil für Mitgliedstaaten ist, wenn sie Geflüchtete aufnehmen. Funktioniert dieser Solidaritätsmechanismus, kann er auf weitere EU-Staaten ausgedehnt werden, sodass endlich die Schutzsuchenden dezentral und auf die gesamte EU verteilt aufgenommen und dort ihre Asylanträge schnell und effizient bearbeitet werden können. Eine solche Lösung scheint derzeit wenig wahrscheinlich. Aber wenn es uns mit unseren gemeinsamen europäischen Werten ernst ist und wir das »System Moria« – also das System der Massenlager an unseren Außengrenzen – beenden wollen, gibt es keinen anderen Weg. Abschreckung und Entrechtung werden nicht dazu beitragen, die Ursachen von Flucht zu bekämpfen, sondern werden die Menschen vor allem auf andere und immer gefährlichere Wege nach Europa zwingen.

Die Menschenrechtsverletzungen an den EU-Außengrenzen müssen aufhören. Wir können nur dann wieder ehrlich und stolz von unseren europäischen Werten sprechen, wenn wir nicht gleichzeitig Menschen an unseren Außengrenzen sterben lassen.

Erik Marquardt ist Fotojournalist und seit 2019 Mitglied des Europäischen Parlaments. Seine Schwerpunktthemen sind Flucht, Migration und Menschenrechte.

Maike Röttger

Seenotrettung im Mittelmeer: Das Sterben beenden

Das zentrale Mittelmeer ist eine der tödlichsten Fluchtrouten der Welt. Die humanitäre Notlage dort hält an. Seit 2014 sind mehr als 24.000 Menschen ertrunken. Sie waren auf der Flucht vor Krieg und Verfolgung, vor Gewalt, Hunger oder verzweifelter Perspektivlosigkeit. Die Europäische Union lässt diese Schutz suchenden Menschen im Stich. Mehr noch: Sie leistet Beihilfe zum Völkerrechtsbruch und verrät ihre humanitären Werte.

Denn seit 2016 finanziert und baut die EU gezielt eine libysche Küstenwache auf, die allein 2021 über 32.000 flüchtende Menschen auf dem zentralen Mittelmeer abgefangen und rechtswidrig nach Libyen zurückgebracht hat. Dort werden die meisten unter unmenschlichen Bedingungen in Lagern inhaftiert. Eine Chance, diesen zu entkommen, liegt in der Zahlung von Lösegeldern an Schlepper. Auf seeuntauglichen Booten werden sie über das Mittelmeer geschickt, um häufig abermals von der libyschen Küstenwache zurückgezwungen zu werden. Den Kreislauf aus Gewalt, Ausbeutung und Flucht sowie das Ertrinken Tausender Menschen nimmt die EU wissentlich als Kollateralschaden dieser inhumanen Abschottungspolitik hin. Sie trägt hierfür die Verantwortung.

Die Folgen des migrationspolitischen Versagens versuchen zivile Seenotrettungsorganisationen seit 2015 abzumildern. Getragen von der europäischen Zivilgesellschaft, retten sie flüchtende Kinder, Frauen und Männer aus Seenot. So konnten 2021 insgesamt rund 8.000 Menschen durch die Besatzungen ziviler Rettungsschiffe auf der zentralen Mittelmeer-Fluchtroute vor dem Ertrinken bewahrt und an einen sicheren Ort gebracht werden. Genau das schreibt das internationale Seerecht vor. Für mindestens 1.553 Menschen gab es 2021 keine Rettung. So viele Flüchtende sind im vergangenen Jahr laut der Internationalen Organisation für Migration (IOM) auf der zentralen Mittelmeerroute ertrunken. Die Dunkelziffer liegt weit höher. Viele Menschen auf den deutlich überbesetzten Holz- oder Schlauchbooten verschwinden in den Fluten – ungesehen und nicht dokumentiert. Das Mittelmeer ist ein Massengrab.

Italien hatte im Oktober 2014 seine Seenotrettungsoperation »Mare Nostrum« eingestellt, die innerhalb eines Jahres laut IOM insgesamt rund 150.000 Menschen gerettet hatte. Diese aufwendige italienische Mission wurde von der EU nicht unterstützt. Auch hat sie selbst kein vergleichbares Programm aufgebaut. Seit 2015 bleibt die Seenotrettung auf dieser gefährlichen Fluchtroute zivilen Organisationen überlassen wie Sea-Watch, Sea-Eye, Ärzte ohne Grenzen, Proactiva Open Arms, SOS Mediterranee und weiteren. Vom europäischen Verbund SOS Mediterranee hat sich der deutsche Verein Ende 2021 gelöst und arbeitet seitdem unter dem Namen SOS Humanity.

SOS Mediterranee konnte mit seinen Schiffen und dank Spenden aus der Zivilgesellschaft zwischen 2016 und 2021 insgesamt 34.631 Menschen aus dem zentralen Mittelmeer retten und an einen sicheren Ort in Europa bringen.

Weil zivile Seenotrettungsorganisationen die EU-Abschottungspolitik unterliefen, begannen die Behörden der europäischen Mittelmeeranrainer ab 2017, die zivile Seenotrettung zu behindern und die Initiativen zu kriminalisieren. Systematisch wurden Flaggen entzogen, Crewmitglieder der »Beihilfe zur illegalen Einwanderung« und der Zusammenarbeit mit Schmugglern angeklagt, Schiffe unter fadenscheinigen technischen Begründungen festgesetzt. Auch SOS Mediterranee sah sich Ende 2018 gezwungen, das Schiff *Aquarius* auf Druck der italienischen Regierung aufzugeben. Im Juni 2019 wurde die Kapitänin der *Sea-Watch 3*, Carola Rackete, in Italien festgenommen. Sie war mit über 50 Geretteten an Bord nach Wochen des vergeblichen Wartens auf die Zuweisung eines sicheren Hafens trotz des behördlichen Verbots in den Hafen von Lampedusa eingelaufen. Die Verfahren gegen sie wurden schließlich 2021 eingestellt, und es wurde gerichtlich bestätigt, dass sie damit Menschenleben hatte retten wollen. Im Frühjahr 2022 stehen vier deutsche Mitglieder der Rettungscrew des zivilen Schiffes *Iuventa* nach einer fast fünfjährigen Strafermittlung vor einem sizilianischen Gericht. Ihnen drohen bis zu 20 Jahre Gefängnis. Italien wirft ihnen eine Zusammenarbeit mit Menschenschmugglern vor, obwohl sie 14.000 Menschen im Mittelmeer gerettet haben.

Die humanitäre Krise auf dem Mittelmeer ist auch eine politische Krise. Die europäischen Staaten umgehen die Pflicht zur Seenotrettung seit Jahren und lagern die Verantwortung aus: an das instabile Libyen, ein vom Bürgerkrieg zerrüttetes Land. Diese Kooperation der EU mit Libyen wurde am 3. Februar 2017 mit der »Malta-Erklärung« des Europäischen Rats festgelegt. Damit wurden Prinzipien von See- und Flüchtlingsrechten missachtet – mit dramatischen Folgen für den Schutz der Menschenrechte. Für den Aufbau einer libyschen Küstenwache mit schnellen Patrouillenbooten und für die Einrichtung einer libyschen Rettungsleitstelle wurden bis Ende 2021 aus einem Nothilfe-Treuhandfonds zur Fluchtursachenbekämpfung in Afrika 57 Millionen Euro zweckentfremdet. Zehntausende über das Mittelmeer flüchtende Menschen werden jährlich von der libyschen Küstenwache abgefangen, völkerrechtswidrig nach Libyen zurückgeführt und interniert. Allein in den offiziellen Lagern in Libyen waren zum Jahresanfang 2022 rund 12.000 Männer, Frauen und Kinder unter unmenschlichen Bedingungen inhaftiert. Hinzu kommen inoffizielle Lager. Die rechtswidrig festgehaltenen Menschen werden häufig gefoltert, vergewaltigt, erpresst und versklavt – und versuchen abermals zu fliehen.

»Als wir in das Boot stiegen, schlugen die Schmuggler jeden. Sie hatten Waffen, die größer waren als mein Arm«, erzählte der 31-jährige Zidane (Name geändert) aus dem Jemen, als er in Sicherheit an Bord unseres Rettungsschiffs war. »Schnell gingen uns Wasser und Treibstoff aus. Wir hatten kein Satellitentelefon und konnten niemanden kontaktieren.« 17 Stunden hatte Zidane zusammengepfercht mit den anderen im Frachtraum des großen Holzbootes verbracht. »Wir beteten und beteten, und Gott sei Dank habt ihr uns gefunden.«

Diesem Teufelskreis aus Internierung, Ausbeutung und Flucht können Flüchtlinge wie Zidane nur entkommen, wenn sie von zivilen Retterinnen und Rettern auf See entdeckt, an Bord ihrer Rettungsschiffe genommen und anschließend an einen sicheren Ort gebracht werden – oder mit viel Glück die gefährliche Überfahrt bis nach Italien oder Malta überleben. Nach unzähligen Berichten der Geflüchteten müssen sie nicht nur Geld für die Überfahrt mit seeuntauglichen Booten an Schlepper zahlen. Sie werden häufig in den Lagern gefoltert. Mit den Videos, die dabei entstehen, werden ihre Angehörigen erpresst, ein Lösegeld zu schicken. Die Zustände in den hoffnungslos überfüllten Lagern sind erschütternd. Die Versorgung mit Lebensmitteln ist völlig unzureichend, die sanitäre Situation katastrophal, eine elementare medizinische Versorgung fehlt. Die Geretteten finden immer wieder und unabhängig voneinander denselben Begriff, um die Situation in den Lagern zu beschreiben: »die Hölle«. Lieber wären sie im Meer ertrunken, als weiter so leben zu müssen, erklären die Überlebenden häufig gegenüber unserer Rettungscrew.

Die Zusammenarbeit der EU und einzelner Mitgliedstaaten mit der libyschen Küstenwache, deren fortgesetzte Finanzierung und weiterer Aufbau müssen eingestellt und durch eine europäische Seenotrettung ersetzt werden. Um die Menschen auf einer der tödlichsten Fluchtrouten der Welt besser zu schützen und Tausende Todesfälle zu verhindern, muss die EU ein europäisches, staatlich koordiniertes Seenotrettungsprogramm im Mittelmeer umsetzen. Alle Schiffe in der Nähe eines Seenotfalles müssen – koordiniert und informiert von den zuständigen Leitstellen – zum Rettungseinsatz bereit sein. Das internationale Seerecht verpflichtet Küstenstaaten, eine Rettungsleitstelle einzurichten, die rund um die Uhr mit englischsprachigem Personal besetzt ist, Notrufe entgegennimmt und Such- und Rettungsmaßnahmen koordiniert. Im Anschluss an eine Rettung müssen die Staaten schnellstmöglich einen sicheren Ort zuweisen, wohin die Geretteten ausgeschifft werden können.

»Die konkrete Politik der Europäischen Union an ihren Außengrenzen wie dem Mittelmeer ist einseitig von Abwehr und von Angst gesteuert, sie ist unmenschlich, fremdenfeindlich und rassistisch. Diese Politik muss sofort beendet werden. Wenn Menschen in Lebensgefahr sind, müssen wir sie retten und beschützen. Ohne Humanität kann Migration nicht positiv gestaltet werden«, so Klaus Vogel, Gründer von SOS Mediterranee und Träger des Bundesverdienstkreuzes.

Der russische Angriffskrieg in der Ukraine führt uns vor Augen, dass Menschen die Möglichkeit haben müssen, aus größter Not zu fliehen. In diesem Fall herrscht Konsens über die Notwendigkeit sicherer und legaler Fluchtwege. Dies muss jedoch für Menschen überall auf der Welt gelten, ungeachtet von Herkunft, Religion, Nationalität oder Beweggrund der Flucht – auch auf dem Mittelmeer.

In Zusammenarbeit mit Petra Krischok.

Maike Röttger ist Geschäftsführerin von SOS Humanity (bis 2021 SOS Mediterranee), seit Dezember 2021 leitet sie die Berliner Geschäftsstelle der spendenfinanzierten Organisation. Zuvor war sie zehn Jahre lang Geschäftsführerin von Plan International Deutschland.

Ulrich Maly

Kommunen als sichere Häfen für Flüchtlinge

Die Globalisierung – so hat das mal jemand gesagt – sitzt auf unseren Nachttischen und glotzt uns an. Immer. Und sie geht da auch nicht mehr weg. Ein treffendes Bild, finde ich, denn auch wenn wir unsere Augen verschließen vor dem, was »da draußen« los ist, sobald wir sie öffnen, ist sie wieder da, ganz direkt, mitten in unserer behüteten Privatsphäre. Es geht um die Globalisierung, in der der Globale Norden mit seiner geballten Markt- und Kapitalmacht auf den Globalen Süden trifft, in der ein »freier Handel« bei so asymmetrischen Machtverhältnissen die Wirkung von »Massenvernichtungswaffen« entfalten kann, wie der ehemalige Bundespräsident Horst Köhler einmal formuliert hat. In dieser Globalisierung werden Kriege um politische Einflusssphären geführt, um den Zugriff auf Rohstoffe und Märkte, und es wird unterhalb der Gewaltschwelle mit Milliardenkrediten monetäre Rekolonialisierung betrieben, wie durch China in Afrika.

Unser Planet wird ohne jede Rücksicht ruiniert. Das alles ist in den Blick zu nehmen, wenn es um die Bekämpfung von Fluchtursachen geht. Daran wird schnell deutlich, dass die Aufgabe durch ein Bundesministerium für wirtschaftliche Zusammenarbeit nicht zu schaffen ist. Das wird, trotz großer Bemühungen insbesondere in den letzten Jahren, dann den Geruch von humanitärem Greenwashing nicht ganz los. 100 Millionen Menschen sind weltweit auf der Flucht. Wenn für dreimal so viele Europa und in Europa Deutschland der Sehnsuchtsort ist, dann mag es temporär gelingen, Zuwanderung zu begrenzen, diese Sehnsucht aber verschwindet dadurch nicht, auch nicht mit einer Aufrüstung der Frontex-Truppe.

Fluchtursachen bekämpfen, das bedeutet in diesem Sprachbild, auf allen Ebenen daran zu arbeiten, dass die Menschen ihre Sehnsüchte in ihrer Heimat erfüllt sehen können – und das erfordert mehr als unser jetziges Handeln. Im Zuwanderungsrecht werden diese Sehnsüchte in einzelne Tatbestände zerlegt, und daraus werden unterschiedliche Formen des Aufenthaltsstatus abgeleitet. Krieg oder Bürgerkrieg, politische Verfolgung und Bedrohung durch Terror sind Asylgründe oder berechtigen zumindest zu temporärem Aufenthalt (bis der Asylgrund wegfällt).

Wenn aber die Wüste näher kommt, weil es jahrelang nicht geregnet hat, wenn Korruption so blüht, dass man ohne Bakschisch kein vernünftiges Leben führen kann, wenn Hungersnöte drohen oder der Rechtsstaat einem keinen Schutz gibt und Menschen fliehen, wird das dann oft als Armuts- oder Wirtschaftsflucht bezeichnet. Auch wenn wir das Gefühl für den Mangel vermutlich verloren haben, sollten wir die Sehnsucht nach ein bisschen Wohlstand verstehen können.

Perspektivwechsel: Bei uns in den Städten kommen die Menschen an, dort muss humanitär gehandelt werden, da geht es um ganz praktische Fragen. In dem Moment geht es nicht um die Fluchtursachen, sondern es geht um die Menschen vor unseren Haustüren, weil Flucht und Migration auf deutscher und europäischer Ebene zwar zu regelnde Rechtsfragen sind, bei uns daheim aber sind sie eine ganz konkrete individuelle Lebenslagenproblematik. Die ist eigentlich schnell beschrieben: Bei der »Hardware« der Integration geht es um Wohnen, Sprache, Schule und Kita, Arbeit und die Organisation gesellschaftlicher Teilhabe, bei der »Software« um die Seelenlage der aufnehmenden Bevölkerung. Klappt das Erste nicht, geht auch das Zweite schief. Wir sind 2015 sehr rau mit einer über 60 Jahre alten bundesrepublikanischen Lebenslüge konfrontiert worden, nämlich der, dass Deutschland kein Einwanderungsland sei. Trotz Millionen von sogenannten Gastarbeitern und Gastarbeiterinnen und weiterer Millionen Aussiedlern und Aussiedlerinnen wurde diese Fiktion von der deutschen Politik tapfer aufrechterhalten. Als 2015 die Zahl der Asylsuchenden sprunghaft anstieg ist, lebten in unserem Land längst 16 Millionen Menschen mit Migrationshintergrund, acht Millionen Pass-Ausländer und über vier Millionen Muslime. Trotz 60 Jahren nicht zu leugnender Migrationserfahrung schien es, als müsse jede Generation aufs Neue ihre interkulturelle Alphabetisierung, so der Migrationsforscher Mark Terkessidis, erst hinter sich bringen. Zahlenmäßig waren die Menschen, die zwischen 2015 und 2017 zu uns kamen, eine große Herausforderung, was die Hardware Facts der Integration anbelangt. Schließlich galt es vor Ort, Nachteilserfahrungen und Ängste der aufnehmenden Gesellschaft so zu minimieren, dass die Stimmung nicht kippte. Bei der soziologischen Zusammensetzung unserer Gesellschaft waren die Zahlen »eigentlich« kein unüberwindliches Hindernis, was sich auch daran zeigt, dass sich heute keiner mehr an der »Wir schaffen das«-Formulierung von Kanzlerin Angela Merkel abarbeitet. »Eigentlich« deshalb, weil die Problemwahrnehmung in diesen Jahren eine atemberaubende Entwicklung genommen hat. Es begann mit einer Euphorie, aber diese Euphorie war noch lange keine Willkommenskultur, sondern eher ein emotionales Strohfeuer – und endete in einer verunsicherten, sich für rechtspopulistische Parolen öffnenden Bevölkerung. Die mediale Verstärkung des Themas hat leider bei uns nicht zu mehr Gelassenheit beigetragen, das politische Koordinatensystem hat sich in ganz Europa verschoben. Erst seit die Coronapandemie und dann der Ukrainekrieg die Agenda bestimmt haben, ändert sich die Stimmung langsam. Noch nicht gelöst sind diejenigen Felder, in denen staatspolitische Ziele und die Lebenswirklichkeit vor Ort aufeinandertreffen.

Kommunale Selbstverwaltung regelt die Angelegenheiten der örtlichen Gemeinschaft, und die örtliche Gemeinschaft ist die Summe aller in einer Stadt lebenden Menschen. Man kann nämlich Nürnberger oder Nürnbergerin sein ohne deutschen Pass. Man kann Deutsch lernen sollen und wollen ohne dauerhaften Aufenthalt. Man kann ein viel tolleres Mitglied der örtlichen Gemeinschaft werden, wenn man Frau und Kinder zu sich holen darf. Alle, das heißt unsere Gesellschaft und die der alten Heimat, können davon profitieren, wenn jemand eine Ausbildung machen darf, unabhängig vom Aufenthaltsstatus. Um nicht missverstanden zu werden: Das Zusammenleben einer halben Million Menschen auf engstem Raum ist nie ein Harmoniemodell. Kommunalpolitik muss versuchen, Alltagskonflikte möglichst friedlich und im Diskurs so zu lösen, dass im besten

Fall alle damit leben können. Geht die Veränderung der Gesellschaft zu schnell, wird sie von zu schrillen Tönen begleitet, und fehlen die Mittel, um die Hardwareprobleme so zu lösen, dass keine unerträglichen Konkurrenzen entstehen, wird es schwierig. Denn eines ist klar: Wenn zwei Nachbarn sich streiten, wer schon wieder den Deckel der gemeinsamen Mülltonne nicht geschlossen hat, ist das völlig normal. Wenn die einen alteingesessene »Biodeutsche« sind und die anderen Zuwanderer, dann wird das ganz schnell ein Clash of Cultures, ein interkultureller Konflikt. Nein, es ist und bleibt ein Mülltonnendeckel.

Kommunen können sichere Häfen sein für Menschen mit Fluchtgeschichte. Auch der politische Wille dazu ist bei vielen Kommunen und den allermeisten Bürgerinnen und Bürgern vorhanden.

Im Bericht der Fachkommission Fluchtursachen heißt es: »Angesichts der weltweit zunehmenden Zahlen Schutzsuchender sollte die Bundesregierung ihre Vorbehalte gegenüber einem Engagement von Kommunen bei der Flüchtlingsaufnahme überdenken: In Zusammenarbeit mit den bislang über 220 deutschen Gemeinden, die eine Aufnahme von Flüchtlingen angeboten haben, sollte sie nach Wegen suchen, dieses Engagement zu würdigen und zu nutzen.« Wenn so viele Kommunen, auch jetzt noch, nach der erneuten starken Fluchtzuwanderung aus der Ukraine, an ihrer humanitären und politischen Verpflichtung, sich an Resettlement-Programmen zu beteiligen, festhalten wollen, dann kann der Bund sich darauf verlassen, dass diese Zusagen auch eingehalten werden. Aber die Aufnahme von Flüchtlingen ist kein Selbstläufer. Wir brauchen eine Infrastruktur, die die zusätzlichen Menschen aufnehmen kann, und einen gesamtgesellschaftlichen Diskurs über Integration. Das Erste kostet Geld und braucht Personal, das Zweite verlangt einen kühlen Kopf, ein warmes Herz und kommunikative Disziplin. Dann schaffen wir auch das.

Dr. Ulrich Maly war von 2002 bis 2020 Oberbürgermeister von Nürnberg und von 2013 bis 2015 Präsident und anschließend Vizepräsident des Deutschen Städtetages. Die Stadt Nürnberg hat sich während seiner Amtszeit der Initiative »Die Seebrücke« angeschlossen und sich damit zum sicheren Hafen für Flüchtlinge erklärt.

Katharina Lumpp

Resettlement stärken –
globale Verantwortung teilen

Der Ausbau von Resettlement ist seit Jahren eines der Kernanliegen des UN-Flüchtlingskommissariats (UNHCR). Unter Resettlement versteht man einen Weg, besonders gefährdeten und schutzbedürftigen Flüchtlingen einen verlässlichen und dauerhaften Schutz zu bieten, indem sie von einem Erstaufnahmeland, in dem sie zunächst Schutz gesucht haben, in einen aufnahmebereiten Drittstaat umsiedeln. Viele Flüchtlinge können nicht im jeweiligen Erstaufnahmeland bleiben, da für sie dort ein effektiver Schutz nicht zur Verfügung steht. Manche Flüchtlinge finden im Erstaufnahmeland keine sichere Perspektive und Versorgung, beispielsweise wenn sie als alleinerziehende Mütter auch im Aufnahmeland Gefährdungen ausgesetzt sind oder nicht ausreichend medizinisch versorgt werden können. In solchen Fällen haben die Flüchtlinge im Erstaufnahmeland keine Möglichkeiten, sich eine sichere und menschenwürdige Existenz aufzubauen. Die Identifizierung durch UNHCR, also die Auswahl der besonders gefährdeten und schutzbedürftigen Flüchtlinge, für eine Neuansiedlung in einem anderen Aufnahmeland im Wege von Resettlement ist dann der einzig gangbare Weg zu effektivem Schutz.

Von Resettlement und humanitärer Aufnahme geht zudem ein wichtiges Signal der Solidarität und Verantwortungsteilung gegenüber den Erstaufnahmestaaten aus, die sehr viele Flüchtlinge aufgenommen haben. Die Aufnahme von schutzberechtigten Menschen aus Erstaufnahmeländern zeigt den Entscheidungsträgerinnen und -trägern sowie den Gesellschaften dieser Länder, dass diese mit den durch die Flüchtlingsaufnahme entstehenden Herausforderungen nicht allein gelassen werden. Die symbolische und politische Bedeutung solcher Aufnahmen ist nicht zu unterschätzen. Sie kann ein wichtiger Faktor sein, zu einer flüchtlingsfreundlichen Politik in den Erstaufnahmeländern beizutragen.

Nach UNHCR-Schätzungen ist der weltweite Resettlement-Bedarf in den vergangenen Jahren stetig gestiegen, zuletzt auf 1,47 Millionen. Der größte Bedarf ist in Afrika zu verzeichnen, wo 600.000 Plätze für Flüchtlinge benötigt werden, die sich in 33 Staaten auf dem afrikanischen Kontinent verteilt aufhalten. Insbesondere in den Erstaufnahmestaaten Äthiopien und Uganda befinden sich viele Flüchtlinge mit besonderem Schutzbedarf. Die weltweit größte Gruppe an Flüchtlingen mit Resettlement-Bedarf in verschiedenen Aufnahmestaaten kommt aus Syrien und macht rund 40 Prozent der 1,47 Millionen Menschen aus.

Die Schwerpunkte der Bemühungen von UNHCR, die Aufnahme von Flüchtlingen im Wege von Resettlement zu organisieren, liegen auf den Folgen des Syrienkrieges. Hier müssen die Erstaufnahmeländer Ägypten, Irak, Jordanien, Libanon und Türkei entlastet werden. UNHCR konzentriert sich zudem auf die 15 Länder entlang der zentralen Mittelmeerroute, darunter auch Ruanda und der Niger, in die Flüchtlinge aus Libyen ausgeflogen werden, bis sie im Rahmen von Resettlement dauerhaft in anderen Ländern aufgenommen werden können. Besonderes Augenmerk liegt auch auf den Ländern, die sich nach dem Konzept des sogenannten umfassenden Rahmenplans für Flüchtlingshilfemaßnahmen (CRRF) engagiert haben, wie beispielsweise Kenia und Uganda. UNHCR setzt sich auch für sogenannte unallocated quotas an Resettlement-Plätzen ein, die situationsunabhängig und flexibel in besonders dringenden Fällen von Einzelpersonen oder Familien genutzt werden können, wo auch immer diese Flüchtlinge sich befinden.

Ein maßgeblicher Beitrag zur Stärkung des internationalen Flüchtlingsschutzes wurde 2018 durch den Globalen Pakt für Flüchtlinge (Global Compact on Refugees, GCR) erreicht. Der GCR, der mit Zustimmung von 181 Staaten von der Generalversammlung der Vereinten Nationen verabschiedet wurde, soll zu einer berechenbaren und besser ausgewogenen Lasten- und Verantwortungsteilung im Flüchtlingsschutz führen, auch durch die Ausweitung von Resettlement und anderen Drittstaatslösungen.

Zum Zeitpunkt seiner Verabschiedung hatten über 80 Prozent der Flüchtlinge weltweit in Entwicklungsländern Zuflucht gefunden. Darunter befinden sich auch einige der weltweit ärmsten Länder, wie beispielsweise Uganda oder Bangladesch. Bis zum Beginn des Krieges in der Ukraine war Deutschland das einzige Land in der EU unter den zehn Aufnahmeländern, die die meisten Flüchtlinge aufgenommen haben. Neben Deutschland sind das: Türkei, Kolumbien, Pakistan, Uganda, Sudan, Iran, Libanon, Bangladesch und Äthiopien. Diese Länder verfügen nicht nur über eine geringe oder höchstens mittlere Wirtschaftskraft, sondern sehen sich auch bei der sozialen Entwicklung, etwa im Bildungs- und im Gesundheitsbereich, großen Herausforderungen gegenüber. Für ihre beachtlichen Leistungen bei der Aufnahme von Flüchtlingen benötigen sie finanzielle Hilfe im humanitären Bereich und Unterstützung durch Entwicklungszusammenarbeit. Dies kommt den Flüchtlingen und den Aufnahmegesellschaften zugute. Zugleich zeigt sich durch die Übernahme von Flüchtlingen die Solidarität mit diesen Erstaufnahmeländern.

Vor diesem Hintergrund umfasst der GCR, der nicht mit dem Globalen Pakt für sichere, geordnete und regulierte Migration (Global Compact for Safe, Orderly and Regular Migration, GCM) zu verwechseln ist, vier konkrete Ziele. Er soll dazu beitragen, den Druck auf Aufnahmeländer zu mildern, die Eigenständigkeit von Flüchtlingen zu erhöhen, den Zugang zu Drittstaatenlösungen zu erweitern sowie in Herkunftsländern Bedingungen für eine Rückkehr in Sicherheit und Würde zu fördern.

Mit Blick auf Lösungen durch die Aufnahme in Drittstaaten werden Staaten im Globalen Pakt unter anderem dazu aufgefordert, Resettlement-Programme einzurichten oder auszubauen, um den gesamten Resettlement-Bedarf abzudecken. Zudem sollten andere Zugangswege zum Schutz ausgebaut werden, etwa durch flexible Regelungen zur Familienzusammenführung sowie privat finanzierte Aufnahmeprogramme für Flüchtlinge. Auch andere komplementäre Zugangswege, wie beispielsweise Stipendienprogramme für Flüchtlinge, sollten nach dem Globalen Pakt ausgebaut werden.

Deutschland verfügt seit einigen Jahren sowohl über ein Bundesprogramm als auch über Landesaufnahmeprogramme einiger Bundesländer für Resettlement. Zudem hat Deutschland ein Humanitäres Aufnahmeprogramm für syrische Flüchtlinge aus der Türkei implementiert. Schließlich gibt es auch das staatlich-zivilgesellschaftliche Aufnahmeprogramm »Neustart im Team« (NeST).

Nachdem die Coronapandemie die Resettlement-Verfahren stark beeinträchtigt und die Zahl der Ankünfte stark abgenommen hatte, sind die Zahlen 2021 wieder gestiegen. So konnten im Jahr 2021 fast 5.400 Flüchtlinge von Deutschland aufgenommen werden, die von UNHCR in der Türkei, dem Niger (nach Evakuierung aus Libyen), dem Libanon, Jordanien, Kenia und Ägypten identifiziert, interviewt und der Bundesregierung zur Aufnahme vorgeschlagen wurden, darunter auch 83 Flüchtlinge im Rahmen von NeST.

Diese positiven Ansätze gilt es weiterzuführen und auszubauen. Dieses Ziel hat sich auch die Bundesregierung in ihrem Koalitionsvertrag 2021 gesetzt. Ohne eine Größenordnung zu nennen, sieht der Koalitionsvertrag vor, die »geordneten Verfahren des Resettlement anhand der vom UNHCR gemeldeten Bedarfe (zu) verstärken«.

Für 2022 sind von der Bundesregierung insgesamt 6.000 Aufnahmeplätze gemeldet worden, einschließlich NeST, der humanitären Aufnahme aus der Türkei und zweier Landesaufnahmeprogramme. Dazu kommen in den nächsten Jahren im Rahmen eines geplanten Humanitären Aufnahmeprogrammes für Afghanistan weitere Aufnahmen direkt aus Afghanistan und möglicherweise aus den benachbarten Erstaufnahmestaaten hinzu. Je nach Größenordnung wird sich die Anzahl der aufgenommenen Personen mit internationalem Schutzbedarf dann voraussichtlich nochmals deutlich erhöhen.

Die Fachkommission Fluchtursachen hat empfohlen, in Deutschland perspektivisch eine Zahl von Flüchtlingen im Wege von Resettlement aufzunehmen, die jährlich mindestens 0,05 Prozent der Bevölkerung entspricht. Dies wären derzeit geschätzt 40.000 Personen.

Eine internationale Resettlement-Allianz, in der sich diverse Staaten verständigen, jeweils eine jährliche Quote von 0,05 Prozent ihrer Bevölkerungszahl aufzunehmen, wie ebenfalls von der Kommission vorgeschlagen, wäre ein beachtlicher Impuls. Dadurch könnte es gelingen, eine quantitativ substanzielle Entlastung der Erstaufnahmestaaten zu bewerkstelligen, Staaten in dem von ihnen geleisteten Flüchtlingsschutz nachdrücklich zu unterstützen und zahlreichen besonders gefährdeten Flüchtlingen eine Perspektive auf effektiven Schutz und dauerhafte Lösungen zu geben. Dies hätte nicht nur unmittelbare positive Auswirkungen für die betreffenden Flüchtlinge, sondern auch mittelbar auf die Flüchtlingssituation in den betreffenden Erstaufnahmeländern, und könnte dazu beitragen, die politische Bereitschaft jener Länder für den Flüchtlingsschutz zu stärken.

Neben den rein staatlichen Aufnahmeprogrammen hat Deutschland in den vergangenen Jahren auch das privat unterstützte Programm NeST ins Leben gerufen. Hier werden aufgenommene Personen von privaten Mentorengruppen begleitet, indem Wohnraum zur Verfügung gestellt und der Integrationsprozess unterstützt wird. Bei der Konzeptionierung und Realisierung des Projektes haben zivilgesellschaftliche Organisationen, UNHCR und die deutsche Bundesregierung eng zusammengearbeitet. Nachdem das Pilotprogramm – allerdings verlangsamt durch die Pandemie – positiv angelaufen ist, gibt es Überlegungen, es dauerhaft zu etablieren und die Anforderungen an die vorgeschriebenen finanziellen Leistungen der Mentoren abzusenken. Damit würde ein Impuls gegeben, diese Art der Aufnahme und Begleitung von Flüchtlingen in Deutschland zu erleichtern und somit mehr Menschen für ein Engagement zu gewinnen. Zudem haben zahlreiche Kommunen ihre Aufnahmebereitschaft erklärt. Dieses Potenzial könnte noch ausgeschöpft werden.

Trotz der positiven Entwicklungen gibt es in Deutschland durch unterschiedliche rechtliche und politische Rahmenbedingungen und Akteure eine Reihe von zu lösenden Problemen. Jeweils unterschiedliche rechtliche Bestimmungen der verschiedenen Aufnahmeprogramme führen dazu, dass sich Flüchtlinge mit dem gleichen Fluchthintergrund im Ergebnis auf der Grundlage unterschiedlicher Aufenthaltstitel in Deutschland aufhalten und damit unterschiedliche Rechte haben. Um den administrativen Aufwand insgesamt zu vermindern und den gewährten Schutzstatus zu vereinheitlichen, sollte aus der Sicht von UNHCR erwogen werden, die verschiedenen Zusatzprogramme als Ergänzung des Resettlement-

Programms des Bundes zu organisieren und allen Personen, die im Wege unterschiedlicher Programme aufgenommen werden, einen einheitlichen Status als Resettlement-Flüchtlinge nach § 23 Abs. 4 Aufenthaltsgesetz zu gewähren.

Deutschland kann sich also in den nächsten Jahren durch höhere Aufnahmezahlen und die Ausweitung der Programme noch stärker beim globalen Schutz von Flüchtlingen engagieren. Mit der Aufnahme hätten die Flüchtlinge Zugang zu effektivem Schutz, der in den jeweiligen Erstaufnahmeländern für die betreffenden Flüchtlinge nicht besteht. Die politische Realisierbarkeit in unmittelbarer Zukunft hängt sicherlich auch von der Entwicklung der Situation in der Ukraine und der Zahl der Ukraineflüchtlinge in Deutschland ab. Mittelfristig sollte es jedoch möglich sein, beim Resettlement eine deutliche Steigerung der Aufnahmezahlen zu realisieren.

Bei alldem ist es wichtig zu beachten, dass solche Aufnahmeprogramme als spezifisches Schutzinstrument für besonders schutzbedürftige Flüchtlinge fungieren und den spontanen Zugang zu internationalem Schutz ergänzen, aber nicht ersetzen können. Dieser spontane Zugang bildet die zentrale Säule des globalen Systems des Flüchtlingsschutzes und der Umsetzung der Genfer Flüchtlingskonvention. Der Weg zum Flüchtlingsschutz in benachbarten Erstaufnahmeländern erfolgt immer durch den spontanen Zugang im Rahmen einer Flucht vor einer unmittelbaren Gefahr. Es muss daher sorgfältig darauf geachtet werden, dass die Aufnahmeprogramme nicht zulasten des spontanen Zugangs zum Flüchtlingsschutz ausgestaltet werden und die Möglichkeit, in anderen Staaten um Asyl bitten zu können, stets aufrechterhalten wird.

Katharina Lumpp ist Vertreterin des Hohen Flüchtlingskommissars der Vereinten Nationen (UNHCR) in Deutschland. Zuvor hat sie in UNHCR-Büros in Amman, Rom und Athen gearbeitet und von 2017 bis 2020 die UNHCR-Operation in der Türkei geleitet. Mehrere Jahre war sie zudem in Afghanistan und Ägypten tätig.

Pauline Endres de Oliveira

Sicherer Zugang zum Schutz in der EU: Das humanitäre Visum

Das Fehlen sicherer Fluchtwege zwingt Menschen auf gefährliche irreguläre Fluchtrouten, führt zu Massensterben im Mittelmeer und begünstigt Schleppertum und Menschenhandel. Die Frage, wie eine Schutz suchende Person einen Schutz bietenden Staat sicher und legal erreichen kann, ist die Gretchenfrage des Flüchtlingsrechts. Es ist eine Kernfrage, die immer wieder aufgeworfen wird, aber seit jeher unbeantwortet bleibt. Eine mögliche Antwort ist das humanitäre Visum als individueller sicherer Fluchtweg, unabhängig von Kontingentlösungen.

Der Begriff »humanitäres Visum« ist zunächst ein Oberbegriff für Visa, die aufgrund eines »humanitären« Grundes erteilt werden. Ein humanitäres Visum muss immer bei der Botschaft des EU-Mitgliedstaates beantragt werden, in den die Person einreisen möchte. Im Visumsverfahren prüft die Botschaft zum einen das Vorliegen humanitärer Gründe. Zum anderen finden Identitäts-, Sicherheits- und Gesundheitsprüfungen statt. »Humanitäre« Gründe für die Vergabe eines Visums können vielfältig sein und richten sich nach den jeweiligen nationalen Bestimmungen für die Vergabe eines solchen Visums. Gründe reichen von familiären Konstellationen über notwendige medizinische Behandlungen bis hin zu Verfolgung. Je nach Verfahrensart wird den Begünstigten eines humanitären Visums nach Einreise entweder direkt ein humanitärer Aufenthaltstitel erteilt oder Zugang zum nationalen Asylverfahren gewährt.

Herzstück des internationalen Flüchtlingsrechts ist das Abkommen über die Rechtsstellung der Flüchtlinge von 1951 (Genfer Flüchtlingskonvention, GFK). Artikel 1A GFK setzt für die Zuerkennung der Flüchtlingseigenschaft unter anderem voraus, dass die verfolgte Person sich außerhalb ihres Herkunftslands befindet. Gleichzeitig lässt die GFK die Frage offen, wie die betreffende Person einen Schutz bietenden Staat erreichen soll. Einziger Anknüpfungspunkt für ein (implizites) Recht auf Einreise bietet das in Artikel 33 Absatz 1 GFK verankerte Non-Refoulement-Prinzip, also das Prinzip der Nichtzurückweisung in einen Staat, in dem Verfolgung droht. Es ist anerkannt, dass das Non-Refoulement-Prinzip bereits an der Grenze eines Staates gilt. Daraus ergibt sich ein implizites Recht auf Einreise für Schutzsuchende, die an der Grenze eines Staates um Asyl nachsuchen – denn der Staat muss die Person einreisen lassen, um prüfen zu können, ob eine Zurückweisung gegen das Non-Refoulement-Prinzip verstoßen würde.

Das Non-Refoulement-Prinzip ist ein flüchtlingsrechtlicher Grundpfeiler, der sich auch in anderen Menschenrechtsabkommen findet, wie in Artikel 3 der Europäischen Menschenrechtskonvention (EMRK), Artikel 3 der UN-Anti-Folterkonvention oder auch Artikel 7 des Internationalen Pakts über Bürgerliche und Politische Rechte (IPbpR). Es ist auch fest in Artikel 4 der EU-Grundrechtecharta verankert. Im Übrigen schweigen aber alle Menschenrechtsabkommen zur Frage des Zugangs zum Asyl. Dem in Artikel 13 IPbpR verankerten »Recht auf Ausreise«, also dem Recht, jedes Land – auch das eigene – zu verlassen, fehlt ein korrespondierendes »Recht auf Einreise«. Und das in Artikel 14 der Allgemeinen Erklärung der Menschenrechte (AEMR) verankerte Recht, »Asyl zu suchen und zu genießen«, verleiht Schutzsuchenden zwar ein Recht auf Zugang zu einem fairen Asylverfahren, es beinhaltet jedoch kein Recht auf Einreise in ein bestimmtes Land, um dort ein solches Verfahren anstrengen zu können.

Die Frage des Zugangs zum Asyl wird auch durch das EU-Recht nicht beantwortet. Das Ergebnis ist ein Asylparadox: Nach den Bestimmungen des Gemeinsamen Europäischen Asylsystems (GEAS) ist Asyl ein territoriales Schutzkonzept. Um in einem EU-Mitgliedstaat Asyl beantragen zu können, muss sich eine Person an der Grenze oder im Territorium des betreffenden Staates befinden. Gleichzeitig wird der Zugang zum Territorium der EU durch eine fortschreitende Verlagerung von

Migrations- und Grenzkontrollen über die Grenzen der EU hinaus effektiv verhindert. Zu diesen Maßnahmen der Externalisierung (oder auch Extraterritorialisierung) von Grenzschutz gehören unter anderem restriktive Visabestimmungen und Sanktionen für private Beförderungsunternehmen, die Menschen ohne gültige Reisedokumente befördern (Carrier Sanctions). Die Mehrheit der weltweit vertriebenen Menschen kommt aus Ländern, die ein Visum brauchen, um legal in die EU einzureisen. Doch ein »Asylvisum« gibt es nicht.

Das haben auch höchstrichterliche Entscheidungen auf europäischer Ebene bestätigt. So stellte eine syrische Familie mit Kleinkindern bei der belgischen Botschaft im Libanon vergeblich Anträge auf humanitäre Visa nach der europäischen Visaverordnung. Sie wollten nach ihrer Ankunft in Belgien Asylanträge stellen, wurden aber abgewiesen. Der Fall wurde im Jahr 2017 schließlich vor dem Europäischen Gerichtshof (EuGH) verhandelt, der feststellte, dass es im EU-Recht keine Rechtsgrundlage für ein humanitäres Visum gibt, das Zugang zu einem nationalen Asylverfahren in der EU gewährt. Einen weiteren Riegel vor die Tür eines humanitären »Asylvisums« schob der Europäische Gerichtshof für Menschenrechte (EGMR) im Jahr 2020. Bei einem Fall, der ebenfalls Anträge einer syrischen Familie auf humanitäre Visa zur Asylantragstellung in Belgien betraf, hielt der EGMR die Europäische Menschenrechtskonvention nicht für anwendbar. Beide Gerichte setzten sich nicht mit der Frage auseinander, ob die Ablehnungen der Visaanträge Verstöße gegen das Non-Refoulement-Prinzip darstellten. Dabei hatte der EU-Generalanwalt Paolo Mengozzi in seinen Schlussanträgen zu dem ersten hier genannten Fall klar dafür plädiert, dass die Ablehnung der humanitären Visa einen Verstoß gegen das Non-Refoulement-Prinzip bedeuten würde.

Auch wenn diese beiden höchstrichterlichen Entscheidungen zu humanitären Visa zunächst keine Antwort auf die Zugangsfrage gaben, waren sie doch Anstoß für weitere politische Entwicklungen. So hat die Entscheidung in dem ersten Fall zu einem wichtigen Vorstoß des Europäischen Parlaments im Jahr 2018 geführt: dem Vorschlag für eine Humanitäre-Visa-Verordnung auf EU-Ebene. Eine solche Verordnung würde die Praxis der EU-Mitgliedstaaten bei der Vergabe humanitärer Visa harmonisieren. Aktuell erteilen EU-Mitgliedstaaten humanitäre Visa aus den unterschiedlichsten (humanitären) Gründen nur nach Ermessen im Einzelfall. Einen Anspruch auf ein humanitäres Visum gibt es nicht. Es gibt auch keinen einheitlichen Status für Menschen, die ein humanitäres Visum erhalten.

In Deutschland wurden beispielsweise im Rahmen der humanitären Aufnahmeprogramme von 2013 bis 2015 über 21.000 humanitäre Visa an Schutzsuchende aus Syrien erteilt. Die Begünstigten erhielten nach Einreise direkt eine Aufenthaltserlaubnis nach § 23 Absatz 2 des deutschen Aufenthaltsgesetzes. Somit hatten sie direkt Zugang zum Arbeitsmarkt und zu sozialen Leistungen. Humanitäre Visa, die wiederum darauf gerichtet sind, nach Einreise Zugang zum nationalen Asylverfahren zu gewähren, wurden in Deutschland beispielsweise an afghanische Ortskräfte nach dem Sturz der Regierung durch die Taliban im Jahr 2021 erteilt. Rechtsgrundlage war hier § 22 Aufenthaltsgesetz.

Auch wenn Menschen humanitäre Visa gewährt werden, darf das Recht auf Zugang zum nationalen Asylverfahren nicht pauschal ausgeschlossen werden. Humanitäre Visa sind immer nur als Ergänzung und nicht als Alternative zum territorialen Asyl zu sehen. Es kann verschiedene Gründe dafür geben, nach Einreise mit einem humanitären Visum einen Asylantrag zu stellen trotz bereits vorhandenem humanitären Aufenthaltsstatus. Ein wichtiger Grund ist der Wunsch nach einer Statusverbesserung. So wird beispielsweise in Deutschland der Flüchtlingsstatus nach der Genfer Flüchtlingskonvention (GFK) nur im Rahmen des nationalen Asylverfahrens zuerkannt. GFK-Flüchtlinge erhalten unter erleichterten Bedingungen einen sogenannten Flüchtlingspass und unterliegen privilegierten Voraussetzungen für den Familiennachzug von Angehörigen ihrer Kernfamilie, also von Ehepartnern und minderjährigen Kindern bzw. deren Eltern. In mehreren Fällen haben daher beispielsweise Begünstigte der 2013 geschaffenen Landesaufnahmeprogramme für Schutzsuchende aus Syrien trotz Erhalt eines humanitären Aufenthaltstitels (nach § 23 Absatz 1 Aufenthaltsgesetz) nach Einreise einen Asylantrag gestellt. Ziel war zum einen eine Statusverbesserung und zum anderen eine Entlassung von Familienmitgliedern aus finanziellen Verpflichtungen. Denn der im

Rahmen des Landesaufnahmeprogramms vorgesehene Aufenthaltsstatus vermittelt weder ein Recht auf einen Flüchtlingsreisepass noch ein Familiennachzugsrecht. Bei den Landesaufnahmeprogrammen handelt es sich zudem um sogenannte Sponsorenprogramme, bei denen die Aufnahme davon abhängt, dass jemand die finanziellen Verpflichtungen während des Aufenthaltes in Deutschland übernimmt. Diese Verpflichtung galt 2013 zunächst unbegrenzt bis zum Ende des Aufenthalts der begünstigten Person, wurde aber durch eine Gesetzesänderung im Jahr 2016 auf fünf Jahre begrenzt.

Das Zusammenspiel von humanitärem Visum und aufenthaltsrechtlichem Status nach der Einreise spielt auch für die Entwicklungen auf EU-Ebene eine wichtige Rolle. Um eine doppelte Inanspruchnahme staatlicher Strukturen zu vermeiden, sollte sich der Status nach dem Schutzbedarf und nicht nach der Art der Einreise richten. Auf EU-Ebene wäre die Verankerung eines Verfahrens für ein humanitäres »Asylvisum«, das nach Einreise Zugang zum nationalen Asylverfahren gewährt, denkbar und sinnvoll. Das zeigt der Vorstoß des EU-Parlaments von 2018. Doch so wie auch die Reform des Gemeinsamen Europäischen Asylsystems (GEAS) stocken die Bemühungen, eine humanitäre Visaverordnung auf EU-Ebene zu implementieren. Vielmehr steht der politische Kurs im Zeichen von Resettlement als praktikabler Kontingentlösung in Kooperation mit dem UN-Flüchtlingskommissariat (UNHCR). So bleibt es bei der vereinzelten Vergabe von humanitären Visa nach nationalem Recht. Resettlement-Programme aufzulegen ist eine Möglichkeit, für sichere Zugangswege zu sorgen. Dies sollte im Verbund mit mehreren Staaten ausgebaut werden. Zudem müssen aber auch individuelle sichere Fluchtwege angeboten werden – unabhängig von Kontingentlösungen. Hier ist das humanitäre Visum die Antwort.

Denn irreguläre Einreisen lassen keine Vorbereitung staatlicher Strukturen für die Aufnahme von Schutzsuchenden zu. Insgesamt bleibt nach geltendem Recht die Hauptverantwortung für den Flüchtlingsschutz bei Ländern des Globalen Südens, in denen sich die Mehrheit der Schutzsuchenden weltweit aufhält. 2018 einigten sich die Mitgliedstaaten der Vereinten Nationen im Rahmen des Globalen Pakts für Flüchtlinge (Global Compacts on Refugees) unter anderem auf das Ziel, den Zugang zu sicheren Fluchtwegen auszuweiten. Damit es nicht bei einem Lippenbekenntnis bleibt, bedarf es konkreter rechtlicher Schritte. Einer davon wäre die Einführung eines institutionalisierten Verfahrens für ein humanitäres »Asylvisum« auf EU-Ebene.

Dr. Pauline Endres de Oliveira ist Rechtsanwältin und forscht an der Justus-Liebig-Universität Gießen zum Globalen Migrationspakt. Sie unterrichtet Flüchtlingsrecht an der Humboldt-Universität zu Berlin (Refugee Law Clinic) sowie der University of London.

Marei Pelzer

Brennpunkt Abschiebungen:
Die Würde des Menschen
im Blick behalten

Nachdem im Jahr 2015 die deutsche Politik einen Sommer lang ihr freundliches Gesicht gegenüber geflüchteten Menschen zeigte und diese willkommen hieß, änderten sich die politischen Vorzeichen in den darauffolgenden Jahren erheblich. Das Thema Abschiebung wurde ganz oben auf die migrationspolitische Agenda gesetzt. Das erklärte Ziel bestand darin, die Zahlen der zurückgeführten Personen drastisch zu erhöhen. Seit 2015 werden aus Deutschland zwischen 21.000 und 25.000 Menschen pro Jahr abgeschoben. Dies bedeutet eine Verdoppelung der Abschiebezahlen im Vergleich zu den Jahren davor. Doch der politische Druck ließ nicht nach, die Zahlen weiter zu steigern. Um dies zu erreichen, wurden die gesetzlichen Grundlagen immer weiter verschärft. Beispielsweise müssen Abschiebungen nicht mehr angekündigt werden, und es wurde erleichtert, Kranke abzuschieben. Diese Verschärfungen wirken bis heute fort, auch wenn Abschiebungen zeitweise aufgrund der Coronapandemie nicht oder nur reduziert möglich waren.

Für die aktuell knapp 300.000 ausreisepflichtigen Migrantinnen und Migranten bleibt die Angst vor der Abschiebung tagtäglich spürbar. Ob für sie das im Juli 2022 auf den Weg gebrachte Chancen-Aufenthaltsgesetz, mit dem die Bundesinnenministerin für einen »Perspektivwechsel« sorgen möchte, tatsächlich Chancen auf ein Bleiberecht bringt oder vielmehr die angekündigte »Rückkehroffensive« greift, wird sich noch zeigen.

Grundsätzlich ist zu fragen, ob nicht die Grund- und Menschenrechte der Betroffenen unter die Räder geraten, wenn die Umstände des Einzelfalls angesichts der politischen Vorgaben nicht mehr berücksichtigt werden. Eine Abschiebung bedeutet, dass der Staat die Ausreisepflicht zwangsweise durchsetzt, wenn sich die betreffende Person weigert, selbstständig das Land zu verlassen. Theoretisch kann die Ausländerbehörde bei allen Personen, die kein Bleiberecht haben, so vorgehen. Praktisch gibt es jedoch viele Gründe, warum eine Abschiebung nicht durchgesetzt werden kann. So gibt es in manche Länder keine sicheren Flugverbindungen, sodass die Abschiebung aus praktischen Gründen scheitert. Oder aber es liegen keine Pässe vor, und damit fehlen die formalen Voraussetzungen für eine Rückführung. Nicht selten sind die betroffenen Menschen auch krank. Wie viele Abschiebungen aus Krankheitsgründen scheitern, wird von den Bundesländern nicht erhoben. Aus Studien ist jedoch bekannt, dass ein hoher Prozentsatz der Geflüchteten, die vor gewaltsamen Konflikten und Verfolgung fliehen, traumatisiert sind. Neben anderen schweren Erkrankungen oder einer Schwangerschaft können psychische Erkrankungen dazu führen, dass eine Abschiebung nicht vollzogen werden darf. Denn wenn die Gesundheit oder das Leben der Betroffenen ernsthaft durch den Abschiebeprozess in Gefahr gerät, ist dieser mit den Grund- und Menschenrechten nicht vereinbar. Gerade bei psychischen Erkrankungen haben die mit Abschiebungen befassten Behörden und politisch Verantwortlichen jedoch eine große Mauer des Misstrauens gegen Ärztinnen und Ärzte, Rechtsanwältinnen und Rechtsanwälte sowie gegen Menschen aufgebaut, die Schutzsuchende unterstützen. 2016 wurde dies gesetzlich manifestiert. § 60a Abs. 2c Aufenthaltsgesetz ordnet an: Es ist zu vermuten, dass gesundheitliche Gründe der Abschiebung nicht entgegenstehen. Die Behörde, die abschieben möchte, darf damit so lange davon ausgehen, dass keine Erkrankungen vorliegen, bis ihr die Betroffenen das Gegenteil beweisen. Die Anforderungen an den Beweis sind hoch: Der Gesetzgeber verlangt eine »qualifizierte ärztliche Bescheinigung«, die unverzüglich vorgelegt werden muss. Diese Verschärfung wurde von vielen Menschenrechtsorganisationen und Fachverbänden scharf kritisiert.

Die Neuregelung hat dazu geführt, dass es immer schwieriger wird, die Rechte von Schwerkranken zu verteidigen. Denn nach dem Wortlaut des Gesetzes kann trotz bekannter Suizidgefahr abgeschoben werden, wenn etwa das Attest zu spät eingereicht wurde oder der Hinweis nicht von einem Arzt, sondern dem behandelnden Psychotherapeuten kam. In der Praxis kommen weitere Erschwernisse hinzu. So schützt selbst das Vorlegen von Gutachten oder Bescheinigungen die Betroffenen nicht unbedingt vor Abschiebungen. Denn die Behörden haben eigene Ärztinnen und Ärzte, die sie beauftragen, die »Reisefähigkeit« festzustellen. Teilweise werden Abschiebeflüge auch von medizinischem Personal begleitet, um Zwischenfälle auf der Reise auszuschließen. Wie unabhängig diese beauftragten Ärzte sind, ist mangels Transparenz schwer zu beurteilen. Ein tragisches Beispiel dafür, dass die Auftragsuntersuchung völlig unzulänglich erfolgte, stellt der Fall von Mustafa Alcali dar, der hochgradig suizidgefährdet in Abschiebungshaft genommen worden ist. Alcali erhängte sich am 27. Januar 2007 in der Justizvollzugsanstalt in Kassel, nachdem ihn der behördlich berufene 79-jährige Arzt für »abschiebefähig« erklärt hatte. Eine Rücksprache mit den behandelnden Ärzten der Klinik Hanau, in der Alcali zuvor nach einem Versuch der Selbstverbrennung vier Wochen lang untergebracht gewesen war, hielt der Arzt für unnötig. Ebenfalls ignorierte er den Arztbrief mit einem deutlichen Hinweis auf die Suizidgefahr. Diese Missachtung der Befunde der behandelnden Ärztinnen und Ärzte ist kein Einzelfall. In Extremfällen kommt es sogar zu Abschiebe(versuchen) von Menschen, die wegen eines akuten Zustands stationär in der Psychiatrie untergebracht sind. Die Politik ist dringend gefordert, ihre Schutzpflichten gegenüber besonders gefährdeten Menschen wieder ernst zu nehmen. Das Leben und der Schutz vor schwerwiegenden Gesundheitsbeeinträchtigungen haben Vorrang vor einem behördlichen Vollzugsinteresse. Die Vermutungsregelung in § 60a Abs. 2c Aufenthaltsgesetz muss gestrichen und klargestellt werden, dass in jedem Einzelfall eine sorgfältige Überprüfung der Krankengeschichte und des gesundheitlichen Zustands zu erfolgen hat, bevor staatliche Zwangsmaßnahmen ergriffen werden. Abschiebungen von stationär untergebrachten Patientinnen und Patienten sind ausdrücklich zu untersagen.

Unmenschlich ist es auch, wenn Familien durch Abschiebungen auseinandergerissen werden. Das Recht, als Familie zusammenzuleben, steht unter dem Schutz des Grundgesetzes (Art. 6). Für Personen, die kein Bleiberecht haben, gilt dies jedoch nur bedingt. Denn die Regelungen über die Abschiebung garantieren nicht, dass Mitglieder einer Familie nicht während des Abschiebevorgangs getrennt werden dürfen. In der Praxis sind Trennungen von Familien durch Abschiebung keine Seltenheit. Ein Fall von vielen: Im Januar 2022 ließ der Landkreis Celle einen Mann mit seinen vier minderjährigen Kindern nach Georgien abschieben und trennte sie damit von der Ehefrau des Mannes und Mutter der vier Kinder. Die Frau durfte aufgrund einer Risikoschwangerschaft nicht abgeschoben werden. Exemplarisch steht auch der Fall einer Familie, die nach zehnjährigem Aufenthalt in Hessen im Frühjahr 2022 in den Iran abgeschoben werden sollte. Im Flugzeug war nur noch Platz für zwei Personen. Die Behörden setzten die Mutter und die 13-jährige Tochter kurzerhand in die Maschine – der Familienvater blieb zurück. Auch wenn Innenpolitiker und Ausländerbehörden die Schuld für das Leid, das den Kindern mit einem solchen Vorgehen angetan wird, allein den Eltern zuschreiben, so liegt doch die staatliche Verantwortung auf der Hand. Dass Menschen ihrer Ausreisepflicht (über Jahre) nicht nachkommen (können), kann einen solchen Eingriff in das Recht auf Familie nicht rechtfertigen. Es bedarf einer gesetzlichen Regelung, dass Familien nicht im Zuge von Abschiebungen getrennt werden.

Neben der Frage, wann eine Abschiebung überhaupt erfolgen darf, wird auch die Art und Weise, wie eine Abschiebung durchgesetzt wird, kontrovers diskutiert. Umstritten ist unter anderem die Frage, ob die Polizei einen Durchsuchungsbeschluss benötigt, bevor sie das Zimmer in einer Flüchtlingsunterkunft betritt, um eine Bewohnerin oder Bewohner zur Abschiebung abzuholen. Während die Innenbehörden der Länder den Unterkünften den Charakter einer Wohnung im Sinne von Art. 13 Grundgesetz in aller Regel absprechen und schon allein deswegen den Grundrechtsschutz verweigern, sehen immer mehr Gerichte dies inzwischen anders. So hat der Verwaltungsgerichtshof Baden-Württemberg – bezogen auf den Polizeieinsatz in Ellwangen im Jahr 2018 – auch Erstaufnahmeeinrichtungen klar in den Schutzbereich des Art. 13 Grundgesetz einbezogen. Die obersten Verwaltungsgerichte in Hamburg und Berlin/

Brandenburg gehen sogar so weit, dass sie einen richterlichen Durchsuchungsbeschluss verlangen, wenn Personen direkt aus der Flüchtlingsunterkunft abgeschoben werden. Ein weiterer Schritt in Richtung Schutz der Privatsphäre von Menschen ohne Aufenthaltsrecht ist der Gesetzgeber 2019 gegangen, als er Abschiebungen zur Nachtzeit nur noch in Ausnahmefällen für zulässig erklärt hat. Rein organisatorische Erleichterungen dürfen demnach nicht als Rechtfertigung dafür herhalten, ganze Familien mitten in der Nacht aus ihrer Nachtruhe zu reißen, um sie abzuschieben. In der Praxis werden diese Vorgaben ganz überwiegend nicht beachtet. Nachtabschiebungen sind vielerorts nach wie vor die Regel. Es bedarf dringend einer rechtsstaatlichen und grundrechtlichen Evaluation der Abschiebepraxis.

Artikel 1 Absatz 1 Grundgesetz besagt: »Die Würde des Menschen ist unantastbar. Sie zu achten und zu schützen ist Verpflichtung aller staatlichen Gewalt.« Wenn staatliche Entscheidungen so fundamental in das Leben von Menschen eingreifen, wie es bei einer Abschiebung der Fall ist, dann müssen die konkreten Auswirkungen auf die betroffenen Menschen in jedem Einzelfall einer kritischen Überprüfung standhalten.

Dr. Marei Pelzer ist Professorin für das Recht der Sozialen Arbeit und der sozialen Einrichtungen an der Hochschule Fulda. Von 2007 bis 2018 war sie Vorstandsmitglied der Stiftung PRO ASYL.

Andreas Cassee

Fluchtursachen bekämpfen, ohne Migration zu bekämpfen: Eine philosophische Perspektive

Stellen Sie sich vor, die Polizei klingelt an Ihrer Tür und fordert Sie auf, Ihren bisherigen Wohnort zu verlassen und in eine andere Stadt zu ziehen. Wahrscheinlich wären Sie empört, und zwar zu Recht: Dies wäre ein unzulässiger Eingriff in Ihre persönliche Lebensgestaltung. Ähnlich verhielte es sich, wenn Ihnen zwar erlaubt würde, an Ihrem bisherigen Wohnort zu verbleiben, Ihnen vor Ort aber der Zugang zur Gesundheitsversorgung oder die freie Meinungsäußerung verwehrt würden. Auch dies würde indirekt Ihren Anspruch verletzen, selbst über Ihren Aufenthaltsort zu entscheiden. Sie haben das Recht, an Ihrem bisherigen Wohnort zu bleiben, ohne dafür auf andere grundlegende Rechte verzichten zu müssen.

Das ist ein wichtiger Grund für das moralische Gebot, die Ursachen unfreiwilliger Migration zu bekämpfen. Kein Mensch sollte *gezwungen* sein, sein Herkunftsland zu verlassen – weder durch direkten hoheitlichen Zwang noch durch menschenrechtlich erhebliche Notlagen.

Dass niemand gezwungen sein sollte, sein Herkunftsland zu verlassen, bedeutet allerdings nicht, dass niemand die *Möglichkeit* haben sollte, in ein anderes Land zu ziehen. Im Gegenteil: Derselbe Anspruch auf eine selbstbestimmte Lebensgestaltung, welcher der Forderung nach der Bekämpfung von Fluchtursachen zugrunde liegt, spricht auch für eine Öffnung nationalstaatlicher Grenzen – das jedenfalls ist die These, die ich begründen möchte.

In der politischen Debatte wird die Bekämpfung von Fluchtursachen allzu oft als Alternative zu einer Liberalisierung des Grenzregimes verstanden: Wenn wir Fluchtursachen erfolgreich bekämpfen, brauchen wir keine Migration mehr zuzulassen, so die Idee. Ich glaube jedoch, dass diese Haltung einem dreifachen Irrtum unterliegt.

Auf einer empirischen Ebene ist erstens alles andere als klar, ob die Bekämpfung der Ursachen *unfreiwilliger* Migration tatsächlich zu *insgesamt weniger* Migration führt. Besonders fraglich ist dies mit Blick auf wirtschaftliche Fluchtursachen. Armut ist ein wichtiger Grund, aus dem sich Menschen gezwungen sehen, ihr Herkunftsland zu verlassen. Sie sehen schlicht keine andere Möglichkeit, Zugang zu den ökonomischen Ressourcen zu erlangen, die für ein gedeihliches Leben notwendig sind. Armutsbekämpfung kann helfen, diese Zwangslage zu lindern. Doch die empirische Forschung legt nahe, dass die Auswanderungsrate insgesamt eher zunimmt, wenn sehr arme Länder weniger arm werden. Migration findet weiterhin, ja sogar in zunehmendem Maß statt – aber sie ist nicht mehr (oder graduell weniger) unfreiwillig. Für diejenigen, die Fluchtursachen bekämpfen wollen, um Migration zu verhindern, ist das eine schlechte Nachricht. Aus einer Perspektive, die unfreiwillige Migration aufgrund ihrer Unfreiwilligkeit für moralisch problematisch hält, wäre eine solche Entwicklung hingegen zu begrüßen: Das Problem ist nicht Mobilität schlechthin, sondern unfreiwillige Mobilität.

Ein zweiter, pragmatischer Grund für Skepsis gegenüber der Ansicht, dass die Bekämpfung von Fluchtursachen eine Alternative zur Öffnung nationalstaatlicher Grenzen darstellen könnte, betrifft die zeitliche Dimension der Wirkung entsprechender Maßnahmen. Selbst die effektivsten Maßnahmen zur Bekämpfung von Fluchtursachen dürften nicht dazu führen, dass das Phänomen der unfreiwilligen Migration von heute auf morgen verschwindet. Und dass Migration unfreiwillig stattfindet – weil die Migrationsentscheidung einer Wahl unter unzureichenden Alternativen entspringt –, sollte nicht den Blick darauf verstellen, dass es sich doch um eine genuine Wahl handelt. Menschen, die etwa vor Armut fliehen, entscheiden sich zwar nicht aus freien Stücken für die Auswanderung. Aber sie entscheiden sich dafür. Sie sind nicht mit Opfern von Menschenhandel gleichzusetzen, die überhaupt keine entsprechende Wahl getroffen haben.

Es ist richtig, erzwungene Mobilität, wie sie im Fall von Menschenhandel und Verschleppungen stattfindet, zu verhindern. Wenn sich Menschen hingegen selbst entscheiden, ihr Herkunftsland zu verlassen, um einer Notlage zu entkommen, liegt die Sache anders. In diesem Fall liegt zwar ein Freiwilligkeitsdefizit vor. Dieses Freiwilligkeitsdefizit sollten wir nach Kräften versuchen zu beheben, indem wir das Set von Optionen, die den Betroffenen zur Verfügung stehen, erweitern. Aber wer die Betroffenen an der Migration hindert und ihnen damit diejenige Option wegnimmt, die sie unter ihren unattraktiven Optionen noch als die am wenigsten unattraktive erachten, tut das genaue Gegenteil.

Ich möchte jedoch noch einen Schritt weiter gehen und behaupten, dass ein Abbau von Einwanderungsbeschränkungen drittens selbst dann ein Erfordernis der Gerechtigkeit wäre, wenn alle Fluchtursachen aus der Welt geschafft wären.

Ich habe eingangs argumentiert, dass es moralisch geboten ist, Fluchtursachen zu bekämpfen, weil Menschen ein Recht haben, an ihrem Herkunftsort zu bleiben, ohne dafür andere grundlegende Rechte opfern zu müssen. Krieg, Armut und Perspektivlosigkeit sind schon in sich selbst schwerwiegende Übel. Aber diese Zustände sind zusätzlich auch deshalb moralisch problematisch, weil sie den Anspruch auf individuelle Selbstbestimmung über den eigenen Aufenthaltsort verletzen.

Das Recht zu bleiben ist allerdings nur die eine Seite dieses zentralen Selbstbestimmungsrechts. Zur Selbstbestimmung über den eigenen Aufenthaltsort gehört auch das Recht zu gehen. Mit Blick auf innerstaatliche Mobilität ist dies weithin anerkannt. Wenn Sie beispielsweise beschließen, von Hamburg nach Berlin zu ziehen, wird das gemeinhin als Ihr gutes Recht angesehen. Sie müssen dafür nicht geltend machen, dass Ihre Menschenrechte in Hamburg nicht gewahrt sind. Die Entscheidung über Ihren Wohnort ist einfach ein Aspekt Ihrer persönlichen Lebensgestaltung, über den Sie selbst entscheiden dürfen.

Die Bewegungs- und Niederlassungsfreiheit innerhalb eines Landes ist ein verbrieftes Menschenrecht. Wenn sich Menschen hingegen über nationalstaatliche Grenzen bewegen oder in ein anderes Land einwandern wollen, sieht die Rechtslage ganz anders aus. Das internationale Recht kennt (jenseits regionaler Abkommen wie der EU-Personenfreizügigkeit) bisher keinen rechtlichen Anspruch auf globale Bewegungs- und Niederlassungsfreiheit. Doch die Frage ist, ob es dafür eine überzeugende moralische Rechtfertigung gibt. Wenn wir die Selbstbestimmung über den eigenen Aufenthaltsort für ein so hohes Gut halten, dass wir ihr den Rang eines Menschenrechts einräumen, weshalb sollte diese Selbstbestimmung an den nationalstaatlichen Grenzen abrupt enden? Weshalb sollte der Zufall der Geburt darüber entscheiden, auf welchem Teil der Erdoberfläche wir uns frei bewegen und niederlassen dürfen?

Die globale Bewegungsfreiheit ist für eine selbstbestimmte Lebensgestaltung aus ähnlichen Gründen wichtig wie die innerstaatliche Bewegungsfreiheit. Sie erlaubt uns, mit Menschen unserer eigenen Wahl zusammenzuleben, ökonomische Chancen zu ergreifen, die nur an einem anderen Ort vorhanden sind, oder uns an einem anderen Ort neu zu erfinden. Wenn uns die individuelle Selbstbestimmung am Herzen liegt, sollten wir deshalb ein moralisches Recht auf globale Bewegungsfreiheit anerkennen. Ein solches Recht ist zugegebenermaßen nicht kurzfristig politisch durchsetzbar. Und natürlich sind Situationen denkbar, in denen gewisse Einschränkungen der globalen Bewegungsfreiheit zum Schutz anderer grundlegender Rechte legitim wären (auch Einschränkungen der innerstaatlichen Bewegungsfreiheit sind schließlich zulässig, wenn sie ein verhältnismäßiges Mittel sind, um andere Grundrechte zu schützen). Aber wir sollten langfristig eine Welt anstreben, in der jeder Mensch grundsätzlich einen anerkannten Anspruch besitzt, sich auf unserem Planeten frei zu bewegen.

Ich habe argumentiert, dass die Bekämpfung von Fluchtursachen und die Öffnung nationalstaatlicher Grenzen Hand in Hand gehen sollten. Beide Forderungen sind Teil einer Agenda, die allen Menschen eine selbstbestimmte Lebensgestaltung ermöglichen will. Doch lassen sich beide Forderungen tatsächlich gleichzeitig realisieren? Das bestreitet das sogenannte Braindrain-Argument. Offene Grenzen führten zu einer Abwanderung qualifizierter Arbeitskräfte aus wirtschaftlich schwachen Ländern, so dieses Argument, und verschärften damit zusätzlich die Notlage derer, die in diesen Ländern zurückbleiben.

Dieses Argument entbehrt nicht eines gewissen Zynismus, wenn es von Menschen geäußert wird, die selbst auf einer Wohlstandsinsel leben: »Wir können euch nicht an unserem Wohlstand teilhaben lassen – weil ihr euch um die Armen kümmern sollt!« Vor allem aber ist das Argument empirisch wenig überzeugend.

Zwar möchte ich keineswegs bestreiten, dass die Abwanderung qualifizierter Arbeitskräfte in spezifischen Branchen und Regionen ein reales Problem darstellt. Aber diesen negativen Auswirkungen der Auswanderung stehen zahlreiche positive Effekte entgegen. Migrantinnen und Migranten aus Niedriglohnländern erzielen nach der Auswanderung oft ein um ein Vielfaches höheres Einkommen. Manche von ihnen kehren nach einigen Jahren in ihr Herkunftsland zurück und bauen mit dem Ersparten ein kleines Unternehmen auf. Und viele senden einen Teil ihres Einkommens zurück an Angehörige in den Herkunftsländern. Auf diese Weise flossen im Jahr 2021 589 Milliarden US-Dollar in Länder mit niedrigen und mittleren Einkommen – mehr als das Dreifache der weltweiten öffentlichen Ausgaben für Entwicklungszusammenarbeit. Darüber hinaus trägt Migration wesentlich zum Technologietransfer bei, und Diaspora-Netzwerke spielen eine wichtige Rolle beim Aufbau internationaler Handelsbeziehungen.

Es spricht deshalb wenig für die These, dass eine Liberalisierung des Grenzregimes den Menschen in den Auswanderungsländern insgesamt schaden würde. Und es spricht viel dafür, dass Einwanderungsbeschränkungen dazu beitragen, dass globale ökonomische Ungleichheiten verfestigt werden.

Die Höhe des Einkommens einer Person wird vor allem durch das Land bestimmt, in dem die Person ihr Einkommen erzielt. Dieser eine Faktor erklärt allein mehr als zwei Drittel der globalen Einkommensungleichheit. Es liegt auf der Hand, dass Einwanderungsbeschränkungen eine wichtige Rolle bei der Aufrechterhaltung dieser Situation spielen. Sie tragen wesentlich dazu bei, dass der Zufall der Geburt über unsere ökonomischen Aussichten entscheidet. Nicht zu Unrecht beschreibt der Philosoph Joseph Carens die Staatsbürgerschaft in einem wohlhabenden Land deshalb als »modernes Äquivalent feudaler Privilegien«.

Diese pessimistische Bestandsaufnahme legt allerdings zugleich eine optimistische Schlussfolgerung nahe: Die Bekämpfung von Fluchtursachen und die Öffnung nationalstaatlicher Grenzen sind nicht nur miteinander vereinbar. Der schrittweise Abbau von Einwanderungsbeschränkungen kann auch selbst einen wichtigen Beitrag zur Reduktion globaler Armut leisten.

Prof. Dr. Andreas Cassee ist seit 2021 Juniorprofessor für Politische Philosophie an der Universität Mannheim. Zuvor war er in Zürich, Berlin und Bern tätig. Sein Buch »Globale Bewegungsfreiheit. Ein philosophisches Plädoyer für offene Grenzen« ist 2016 bei Suhrkamp erschienen.

Heinrich Bedford-Strohm

Zukunft in Gerechtigkeit

Stellen wir uns einen Pressebericht aus dem Jahr 2122 vor, veröffentlicht im »Global Electronic Observer«, dem mit zwei Milliarden Abonnenten weltweit größten Nachrichtenmedium: »Bei einer internationalen Konferenz im südafrikanischen Cape Town haben führende Historikerinnen und Historiker gestern eine neue Anstrengung zur Aufarbeitung der Geschichte des 21. Jahrhunderts gefordert. Dabei spielte auch der zerstörerische Umgang mit der außermenschlichen Natur eine zentrale Rolle, der die Welt in der ersten Hälfte des 21. Jahrhunderts beinahe in den Abgrund gerissen hätte. Die australische Historikerin Irabinna Ngurruwutthun sprach über die ökologische Umorientierung im 21. Jahrhundert. Man könne sich heute gar nicht mehr vorstellen, welch massive Gewalt die Menschen zu Beginn des 21. Jahrhunderts der Natur angetan hätten. In wenigen Jahrzehnten habe man die Lebensräume von Tieren und Pflanzen zerstört und Wertstoffe aus der Erde geholt und aufgebraucht, die in vielen Millionen Jahren entstanden seien. Es habe Jahrzehnte gedauert, bis die heute übliche komplette Wiederverwendung gebrauchter Güter etabliert wurde. Viele hätten die vollständige Umstellung auf regenerative Energien, die Mitte des 21. Jahrhunderts weltweit abgeschlossen worden sei, damals noch für illusionär gehalten. Man habe weiter einen Lebensstil gepflegt, der von Wasser- und Energieverschwendung geprägt gewesen sei. Schließlich hätten historische Ereignisse wie der verbrecherische Angriffskrieg Russlands gegen die Ukraine und der in der Folge weltweite Boykott russischen Erdgases für eine beschleunigte Umstellung auf regenerative Energien gesorgt. Ausgelöst hätten dies die weltweit gut organisierten zivilgesellschaftlichen Bewegungen des frühen 21. Jahrhunderts. So habe sich ein grundlegender Bewusstseinswandel vollzogen. Der habe auch zu dem Schuldeingeständnis reicher Staaten geführt, die zu den Hauptverursachern der ökologischen Krise gehört hätten. In der Folge seien Programme aufgelegt worden, den armen Ländern bei der Anpassung an die Folgen der Erderwärmung und bei einem wirksamen Klimaschutz massiv zu helfen. Das habe schließlich die sozialökologische Transformation beschleunigt. Mehrere Diskussionsbeiträge bei der Konferenz hätten zudem konstatiert, dass die großen Programme der vergangenen Jahrzehnte, über die Hunderte Millionen Menschen wegen des dramatisch gestiegenen Meeresspiegels umgesiedelt wurden, hätten vermieden werden können, wenn frühere Generationen vorausschauender gehandelt hätten. Das müsse auch der heutigen Generation eine Lehre sein, um Trägheit im Denken zu überwinden.

Das 21. Jahrhundert habe in der neueren Geschichte eine besondere Stellung, nur zu vergleichen mit dem Zeitalter der Reformation in Europa. Damals seien politische und religiöse Konstellationen entstanden, die Jahrhunderte nachgewirkt hätten. Das 21. Jahrhundert könne als Zeitalter der weltweiten Transformation bezeichnet werden, das den Durchbruch zu einer echten Weltgesellschaft gebracht habe.«

So weit der Pressebericht aus dem »Global Electronic Observer« des Jahres 2122. Manchmal können wir erst durch Distanz zum Gewohnten und uns Selbstverständlichen verstehen, wie wenig selbstverständlich es für unsere Enkel sein wird, wie wir heute leben.

Mein erster Enkel wächst heran, und ich freue mich, wenn ich ihn sehen kann. Ich frage mich, wie die Welt aussehen wird, wenn der Junge einmal so alt sein wird wie ich jetzt. Das wird im Jahr 2079 sein. Welche Welt wird er vorfinden? Man muss sich die Zeithorizonte konkret vorstellen und dann die Vorhersagen der Klimawissenschaftlerinnen und -wissenschaftler danebenlegen, die hochrechnen, was passiert, wenn wir so weitermachen wie bisher. Sie führen uns vor Augen, wie viele Menschen zur Flucht gezwungen sein werden, weil ihre Heimat überflutet ist. Sie sagen vorher, dass viele ihr Leben verlieren werden, weil sie sich vor Stürmen und Überschwemmungen nicht werden schützen können. Sie prognostizieren Dürren, die den Anbau von Nahrungsmitteln drastisch gefährden, Hungersnöte und Fluchtbewegungen nach sich ziehen.

Damit es nicht so kommt, brauchen wir eine große Transformation, die eine nachhaltige Veränderung unseres persönlichen Lebensstils ebenso einschließt wie die Veränderung der politischen Prioritäten und der wirtschaftlichen Strukturen. Immer wieder sind in der Öffentlichkeit Stimmen zu hören, die meinen: Diese große Transformation können wir uns in so kurzer Zeit nicht leisten. Erst recht nicht in der Zeit nach der Coronapandemie und angesichts des Krieges in der Ukraine, der so viele Ressourcen verschlingt. Schon jetzt seien die Schulden im Finanzhaushalt so immens, dass nicht auch noch Hunderte von Milliarden Euro für die notwendigen Maßnahmen zur Bekämpfung des Klimawandels ausgegeben werden könnten.

Aber die massivsten Schulden würden wir machen, wenn wir den notwendigen Umbau jetzt nicht angehen. Schon jetzt lässt sich erahnen, welche immensen Kosten wir gegenwärtig den nächsten Generationen aufbürden. Allein 2017 entstanden durch Wetterkatastrophen global Schäden in Höhe von 320 Milliarden US-Dollar. Gleichzeitig bedeutet dies, dass mehr Menschen ihre Heimat verlassen. Man muss nicht besonders gut rechnen können, um zu sehen, welche riesigen Lasten die Enkelgeneration zu tragen haben wird. Es ist ungerecht und unverantwortlich, den Kindern und Kindeskindern diese Lasten aufzubürden und zuzusehen, dass immer mehr Menschen in ärmeren Teilen der Erde zur Flucht gezwungen sein werden und alles verlieren.

Aber auch heute schon haben wir weltweit ein extremes Gerechtigkeitsproblem. Mir sind von Freunden in Tansania verdorrte Felder gezeigt worden: Entwicklungsprojekte, die wegen der klimawandelbedingten Wetterextreme einfach kaputtgehen. Dafür sind wir verantwortlich. Der Kohlendioxidausstoß in Deutschland liegt pro Kopf im Jahr zwischen neun und zehn Tonnen, der in Tansania bei 0,2 Tonnen. Burundi gehört mit 0,027 Tonnen zu den Ländern mit dem geringsten Kohlendioxidausstoß pro Kopf, wird aber, so zeigt eine Studie der Hilfsorganisation Christian Aid, katastrophale Auswirkungen des Klimawandels auf die Nahrungsmittelproduktion aushalten müssen. Diejenigen, die am wenigsten zum Klimawandel beitragen, sind seine ersten Opfer. Augenfällig ist dies auch bei den Völkern, die auf Inseln im Südpazifik leben und deren Land unwiederbringlich durch den steigenden Meeresspiegel verloren geht. Sie sind bereits auf der Flucht.

Wenn heute dreistellige Milliardenbeträge gefordert werden, um die Folgen der Erderwärmung in den Ländern des Südens zu bekämpfen, dann hat das gute Gründe. Es handelt sich dabei nicht um milde Gaben der wohlhabenden Länder. Diese Summen sind schon deswegen angemessen und gerechtfertigt, weil sie wenigstens ansatzweise den Schaden kompensieren müssen, der durch den Lebensstil in den wohlhabenden Ländern entstanden ist. Hier geht es um die Bekämpfung von Fluchtursachen, für die wir verantwortlich sind.

Auch aus diesem Grund und um der Gerechtigkeit willen setzen die Kirchen sich für die Bekämpfung des Klimawandels ein. Wir plädieren »für die Entwicklung einer Kultur, die in Harmonie mit der ganzen Schöpfung lebt; für die Erhaltung der Erdatmosphäre und damit für die Überlebensfähigkeit der Welt; für die Bekämpfung der Ursachen der gefährlichen Veränderungen der Atmosphäre, die das Klima der Erde grundsätzlich zu verändern drohen und viel Leid mit sich bringen«. Was heute wie ein Manifest von Fridays for Future klingt, stammt von 1990, verabschiedet von der Schlussversammlung des »Konziliaren Prozesses für Gerechtigkeit, Frieden und die Bewahrung der Schöpfung« im südkoreanischen Seoul. Es hat 30 Jahre gedauert, bis die damals veröffentlichten Forderungen nicht zuletzt dank der engagierten Schülerbewegung endlich ins Zentrum der globalen politischen Debatte gerückt sind.

Die Kinder- und Enkelgeneration derer, die in der Zeit des Nationalsozialismus in Deutschland als Erwachsene gelebt haben, hat viele Jahrzehnte später angesichts der NS-Verbrechen gefragt: Wie konntet ihr das nur zulassen? Was werden die Fragen sein, die den Menschen heute in 100 Jahren gestellt werden? Sie werden viel zu tun haben mit weltweiter Gerechtigkeit und der Bewahrung der Natur als Lebensraum auch für zukünftige Generationen.

Ich möchte, wie so viele andere Großväter auch, dass mein Enkel im Jahr 2079, wenn er 62 ist – so alt wie ich jetzt –, ein gutes Leben haben kann. Dafür muss jetzt eine große Transformation in Gang gesetzt werden. Sie kann gelingen, wenn wir sie wirklich wollen.

Wir wissen nicht, ob und wann wir mit unserem Eintreten für eine ökologische Transformation erfolgreich sein werden. Aber wir wissen, dass wir dafür einzutreten berufen sind. Warum wir unabhängig vom Erfolg handeln, hat der evangelische Theologe Dietrich Bonhoeffer, der von den Nazis hingerichtet wurde, einmal so ausgedrückt: »Wenn morgen der Jüngste Tag anbricht, dann wollen wir gerne die Arbeit für eine bessere Zukunft aus der Hand legen. Vorher aber nicht.«

Prof. Dr. Heinrich Bedford-Strohm, evangelischer Theologe, seit 2011 Landesbischof der Evangelisch-Lutherischen Kirche in Bayern. Von 2014 bis 2021 Vorsitzender des Rates der Evangelischen Kirche in Deutschland. Bedford-Strohm hat die Gründung der Initiative »United4Rescue – Gemeinsam Retten« zur Seenotrettung im Mittelmeer unterstützt.

ANHANG

2017

Der Aufruf

Jede Flucht hat einen Grund.
Fluchtursachen angehen!

Trägerinnen und Träger des Bundesverdienstkreuzes
fordern eine Enquete-Kommission »Fluchtursachen«

Weltweit sind derzeit 60 Millionen Menschen auf der Flucht. Deutschland hat 2015 nahezu eine Million Flüchtlinge aufgenommen und bemüht sich um ihre Integration. Das ist gut so. Die Politik hat sich allerdings seither darauf konzentriert, möglichst schnell die Flüchtlingszahlen in Deutschland zu reduzieren. Zwar wird beteuert, wie notwendig es sei, die Fluchtursachen zu bekämpfen. Eine umfassende und parteiübergreifende politische Initiative gibt es jedoch für diese längerfristige Aufgabe bisher nicht. Europaweite Initiativen sind notwendig, aber auch nationales Handeln.

Auch die von der UN mit der Agenda 2030 beschlossenen Nachhaltigkeitsziele, die in die aktuelle Nationale Nachhaltigkeitsstrategie aufgenommen wurden, sind darauf angelegt, Fluchtursachen zu vermeiden.

Trägerinnen und Träger des Bundesverdienstkreuzes fordern den Deutschen Bundestag auf, eine Enquete-Kommission »Fluchtursachen« einzusetzen. Die Kommission soll untersuchen, wie Deutschland weltweit zu Fluchtursachen beiträgt, und Maßnahmen sowie gesetzliche Initiativen vorschlagen, wie dies vermieden oder dem entgegengewirkt werden kann. Die zur Bundestagswahl antretenden Parteien werden aufgefordert, sich die Forderung zu eigen zu machen, sie in ihre Wahlprogramme aufzunehmen und nach Konstituierung des Bundestages eine Enquete-Kommission »Fluchtursachen« einzusetzen.

Irene **Adolph**, Bad Hersfeld
Karin Edda **Ahrens**, Bonn
Prof. Dr. Hermann **Auernhammer**,
Freising
Prof. Dr. Klaus J. **Bade**, Berlin
Edith **Bader**, Monheim am Rhein
Hans Jürgen **Bannasch**, Waldshut-
Tiengen
Ralf-Uwe **Beck**, Eisenach
Roswitha **Bendl**, Erding
Almuth **Berger**, Berlin
Lore **Bernecker-Boley**, Bietigheim-
Bissingen
Adolph Kurt **Böhm**, Murnau
Dr. Hans-Hermann **Böhm**,
Ostfildern
Ingrid **Bohsung**, Stuttgart
Mechtild **Brand**, Hamm
Hanne **Braun**, Stuttgart
Dr. Fritz **Brickwedde**, Osnabrück
Ulla **Burchardt**, Dortmund
Dr. Hidir **Celik**, Bonn
Libuše **Černá**, Bremen
Anne-Marie **Cordes**, Berlin
Dr. Gotthard **Dobmeier**, Erdweg
Dr. Franz **Ehrnsperger**, Neumarkt/
Oberpfalz
Prof. Dr. Erhard **Eppler**, Schwäbisch
Hall
Hans-Josef **Fell**, Berlin
Manfred **Fischer**, Wippra
Dr. Elisabeth **Fries**, Tübingen
Dr. Cornelia **Füllkrug-Weitzel**, Berlin
Prof. Dr. Maximilian **Gege**,
Hamburg

Stefan **Gemmel**, Lehmen
Alwine **Gerner**, Nienburg
Wolfgang **Gindorfer**, Kampala
Sigrid **Godbillon**, Pfullingen
Dr. Monika **Griefahn**, Hamburg
Edmund **Gumpert**, Kirchheim/
Unterfranken
Prof. Dr. Gerhard **de Haan**, Berlin
Prof. Dr. Wolfgang **Haber**, Freising
Prof. Dr. Franz **Hamburger**, Mainz
Hermann **Hartmann**,
Nordstemmen
Katrin **Hattenhauer**, Berlin
Dr. Volker **Hauff**, Köln
Michael **Heinisch**, Berlin
Andreas **Heinrich**, Wernigerode
Ursula **Heintze**, Erlangen
Gabriele **Herbst**, Magdeburg
Prof. Dr. Claus **Hipp**, Pfaffenhofen
Ludwig **Hoffmann**, Wernigerode
Prof. Dr. Wolfgang **Huber**, Berlin
Michael **Hugo**, Rostock
Roland **Issen**, Hamburg
Ulrike **Jaeger**, Bünde
Ulrich **Jochimsen**, Potsdam
Ludwig **Kamm**, Tönisvorst
Prof. Dr. Margot **Käßmann**, Berlin
Rosemarie **Keltz**, Bonn
Erich **Kerkhoff**, Siegen
Birgit **Kipfer**, Gärtringen
Reinhold **Klaus**, Donzdorf
Sadija **Klepo**, München
Martin **Klumpp**, Stuttgart
Prof. Dr. Gerhard **Kneitz**, Remlingen
Annemarie **Knichel**, Reichelsheim

Elfriede **Köhler**, Lohra
Dr. Burkhardt **Kolbmüller**, Bechstedt
Jobst **Kraus**, Bad Boll
Prof. Dr. Rolf **Kreibich**, Berlin
Prof. Dr. Gabriele **Krone-Schmalz**, Iserlohn
Andrea **Laux**, Stuttgart
Dr. Silvester **Lechner**, Elchingen
Maria Luise **Lenk-Schäfer**, Nürnberg
Gesine **Liesong**, Sangerhausen
Dr. Christoph **Links**, Berlin
Percy **MacLean**, Berlin
Prof. Dr. Andreas **Maercker**, Bern
Dr. Jürgen **Micksch**, Darmstadt
Hanna **Middelmann**, Göttingen
Wolf **Middelmann**, Göttingen
Ruth **Misselwitz**, Berlin
Matthias **Netwall**, Stolpen
Dr. Luitgard **Nipp-Stolzenburg**, Heidelberg
Gülcan **Nitsch**, Berlin
Osman **Okkan**, Köln
Prof. Dr. Horst **Opaschowski**, Börnsen
José Luis **Ortega Lleras**, Erlangen
Dr. Christa **Perabo**, Marburg
Marina **Peter**, Alfeld
Petra **Peterich**, Lüneburg
Wolf **Preißner**, Mannheim
Prof. Thomas **Quasthoff**, Berlin
Dinah Christine **Radtke**, Erlangen
Prof. Dr. Manfred **Ragati**, Herford
Dr. Elisabeth **Raiser**, Berlin
Prof. Dr. Konrad **Raiser**, Berlin

Dr. Anneliese **Rauhut**, Essen
Prof. Dr. Ortwin **Renn**, Potsdam
Heinz **Reutlinger**, Heidelberg
Dr. Wolfgang **Richter**, Rostock
Dietmar **Rieth**, Neuwied
Bettina **Röder**, Berlin
Anna-Maria **Rufer**, Nürnberg
Heide **Rühle**, Stuttgart
Klaus **Rüter**, Kirchheimbolanden
Prof. Dr. Josef **Sayer**, Bad Krozingen
Almut **Schaafberg**, Bremen
Prof. Markus **Schächter**, Mainz
Dr. Rainer **Schanne**, Zweibrücken
Gertrud **Schanne-Raab**, Zweibrücken
Ulrich **Scheidt**, Erfurt
Prof. Dr. Hans Joachim **Schellnhuber**, Potsdam
Dr. Herbert **Schmalstieg**, Hannover
Dr. Nikolaus **Schneider**, Berlin
Dr. Wolfgang **Schneider**, Xanten
Dr. Florian **Schuller**, Bobingen
Dorothee **Schumacher**, Birkenfeld
Walter **Schumacher**, Losheim am See
Prof. Dr. Gesine **Schwan**, Berlin
Gertrud **Schweizer-Ehrler**, Heitersheim
Michael **Sladek**, Schönau
Ursula **Sladek**, Schönau
Ludwig **Sothmann**, Hilpoltstein
Dr. Lutz **Spandau**, Berlin
Angelika **Spiekermann**, Potsdam
Prof. Klaus **Staeck**, Heidelberg
Albrecht **Steinhäuser**, Magdeburg

Prof. Dr. Michael **Succow**,
Greifswald
Bernhard G. **Suttner**, Windberg
Klaus-Dieter **Teufel**, Berlin
Robert **Thaler**, Erlangen
Dr. Wolfgang **Thierse**, Berlin
Prof. Dr. Klaus **Töpfer**, Höxter
Prof. Dr. Andreas **Troge**, Berlin
Jakob **von Uexküll**, London
Christina **Vater**, Mühlhausen
Dr. Klaus **Vogel**, Berlin
Meike **Völker**, Berlin
Traudl **Vorbrodt**, Berlin
Dr. Fritz **Vorholz**, Berlin
Dagmar **Wagenknecht**, Nohra
Dr. Klaus **Wazlawik**, Berlin

Beate **Weber-Schuerholz**,
Heidelberg und Duncan (Kanada)
Prof. Dr. Hubert **Weiger**, Berlin
Helmut **Weimar**, Holzheim
Hubert **Weinzierl**, Wiesenfelden
Prof. Dr. Ernst Ulrich **von Weizsäcker**,
Emmendingen
Gudrun Senta **Wilhelm**, Kirchberg/
Murr
Joachim **Wille**, Hofheim am Taunus
Christian **Wilmsen**, Berlin
Dr. Georg **Winter**, Hamburg
Natalia **Wörner**, Berlin
Karin **Woyta**, Göppingen
Prof. Dr. Angelika **Zahrnt**,
Neckargemünd

Der Aufruf wurde initiiert und am 7. April 2017 öffentlich vorgestellt von Ralf-Uwe Beck, Prof. Dr. Klaus Töpfer und Prof. Dr. Angelika Zahrnt.

2018

Der Koalitionsvertrag

Auszug aus dem Koalitionsvertrag zwischen CDU, CSU und SPD für die 19. Legislaturperiode, vom 12. März 2018

»Wir wollen Fluchtursachen bekämpfen, nicht die Flüchtlinge.

Dazu wollen wir:

◆ die Entwicklungszusammenarbeit verbessern;

◆ den Ausbau humanitären Engagements; UNHCR und World Food Programme (WFP) angemessen ausstatten und für eine kontinuierliche Finanzierung sorgen;

◆ das Engagement für Friedenssicherung ausweiten (u. a. Stärkung internationaler Polizeimissionen);

◆ eine faire Handels- und Landwirtschaftspolitik (faire Handelsabkommen);

◆ einen verstärkten Klimaschutz;

◆ eine restriktive Rüstungsexportpolitik.

Wir werden eine Kommission ›Fluchtursachen‹ im Deutschen Bundestag einrichten, die der Bundesregierung und dem Bundestag konkrete Vorschläge unterbreiten soll.«

2019

Die Fachkommission

Am 3. Juli 2019 hat die Bundesregierung eine unabhängige Fachkommission Fluchtursachen eingesetzt. Berufen wurden 24 Expertinnen und Experten aus der Wissenschaft, von internationalen Organisationen, Nichtregierungsorganisationen und der Wirtschaft. Die Leitung der Kommission hatten Bärbel Dieckmann, frühere Präsidentin der Welthungerhilfe, und Gerda Hasselfeldt, Präsidentin des Deutschen Roten Kreuzes. Aufgabe der Kommission war, Ansätze für eine wirksame Minderung von Fluchtursachen zu entwickeln. Die Kommission hat im Oktober 2019 ihre Arbeit aufgenommen.

Der Bericht

»Krisen vorbeugen, Perspektiven schaffen, Menschen schützen« – so lautet der Titel des Berichtes der Fachkommission Fluchtursachen, der am 18. Mai 2021 vorgelegt wurde. Er umfasst gut 200 Seiten und fast 30 Kapitel. Zunächst wird dargestellt, was Menschen zur Flucht und zu irregulärer Migration treibt, um danach Handlungsempfehlungen zu formulieren. Diese sind darauf ausgerichtet, Konflikte zu bewältigen, Lebensgrundlagen zu sichern, dem Klimawandel und seinen Folgen zu begegnen sowie Flüchtlinge und Aufnahmeländer zu unterstützen. Zudem wird aufgezeigt, wie die deutsche und europäische Flüchtlingspolitik humaner gestaltet werden kann.

Schließlich werden 15 Forderungen formuliert, die möglichst zeitnah umgesetzt werden sollen. Diese werden hier im Wortlaut abgedruckt:

1

Die Bundesregierung sollte als ressortübergreifendes Entscheidungsgremium einen Rat für Frieden, Sicherheit und Entwicklung auf Bundesebene einsetzen, um ihre Strategiefähigkeit und ihren Beitrag zur globalen Krisenprävention zu erhöhen und die internationale Zusammenarbeit zur Lösung bestehender Konflikte stärker mitzugestalten. Mit der Anhörung externer Sachverständiger im Rat lassen sich die Expertisen der Wissenschaft, der Zivilgesellschaft und unabhängige Positionen abbilden und zugleich Transparenz schaffen.

Die Bundesregierung sollte leistungsfähige und an den Rechten und Bedürfnissen der Menschen ausgerichtete staatliche Institutionen in ihren Partnerländern unterstützen, um die Grundversorgung der Menschen sicherzustellen, Investitionsbedingungen zu verbessern und damit neue Arbeits- und Beschäftigungsmöglichkeiten zu fördern. Dies ist die Grundlage für gute Lebensbedingungen und Entwicklungsperspektiven. Die Entwicklungszusammenarbeit sollte – mit Nichtregierungsorganisationen und politischen Stiftungen – auf die Stärkung rechtsstaatlicher Institutionen und Teilhabemöglichkeiten besonderen Wert legen. Angesichts der Zunahme autoritärer Regierungsführung in vielen Ländern sollte die Zusammenarbeit mit der lokalen Zivilgesellschaft ausgebaut werden. Zudem sollte die Kooperation mit regionalen Organisationen wie der Afrikanischen Union verstärkt werden.

Die Bundesregierung sollte Frauen konsequent in alle Strategien und Maßnahmen als eigenständige Akteurinnen einbinden und ihre Rechte schützen, um die Ursachen von Flucht und irregulärer Migration erfolgreich zu reduzieren. Selbstbestimmung, Gleichberechtigung und eine höhere Beteiligung von Frauen wirken sich positiv auf Krisenprävention, Friedenssicherung und nachhaltige Entwicklung aus. Dafür brauchen Frauen eine gute Gesundheitsversorgung einschließlich Familienplanung, Bildung sowie Arbeits- und Beteiligungsmöglichkeiten. Auch für den Schutz vor Diskriminierung und Gewalt sowie für die Rechte der Frauen sollte sich Deutschland konsequent einsetzen. Frauen auf der Flucht sind in besonderer Weise auf Schutz und Unterstützung angewiesen.

4

Die Bundesregierung sollte den Aufbau von anpassungsfähigen sozialen Sicherungssystemen in den Partnerländern der Entwicklungszusammenarbeit und insbesondere in fragilen Kontexten vorantreiben, um dadurch Armut nachhaltig zu reduzieren. In einer gemeinsamen Anstrengung mit internationalen Partnern könnten in den nächsten fünf Jahren bis zu eine Milliarde Menschen zusätzlich Zugang zu zumindest einer Leistung der sozialen Sicherung erhalten. Die Covid-19-Pandemie hat den Bedarf unterstrichen. Die Bundesregierung sollte vordringlich den Auf- und Ausbau von Sicherungssystemen in Herkunfts- und Aufnahmeländern von Flüchtlingen, Vertriebenen sowie irregulären Migrantinnen und Migranten unterstützen.

5

Die Bundesregierung sollte ihr Engagement für den Ausbau von Basisgesundheitsstrukturen massiv verstärken und langfristig anlegen, um zum SDG-Ziel einer nachhaltigen Gesundheitsversorgung für alle beizutragen. Auch der Zugang von Flüchtlingen, Vertriebenen, Staatenlosen sowie irregulären Migrantinnen und Migranten muss gesichert sein. Die Bedeutung der Gesundheitsversorgung ist nicht zuletzt bei der Eindämmung der Covid-19-Pandemie deutlich geworden. Die Bundesregierung sollte sich zusammen mit Weltgesundheitsorganisation und Europäischer Union stärker für einen schnelleren und gerechten Zugang zu Impfungen und Medikamenten in den Entwicklungsländern einsetzen.

6

Die Bundesregierung sollte einer guten Grund- und Sekundarbildung in der Entwicklungszusammenarbeit eine hohe Priorität einräumen, um durch qualitativ hochwertige Bildung für Mädchen und Jungen gleichermaßen persönliche und berufliche Perspektiven zu verbessern. Die finanziellen Mittel im Bildungsbereich müssen dieser Priorisierung gerecht werden und dürfen im Zuge der »BMZ 2030«-Reform nicht abnehmen. Dies gilt auch, wenn in der Entwicklungspolitik richtigerweise ein Fokus auf berufliche Bildung und die Schaffung qualifizierter Arbeitsplätze gelegt wird. Digitale Bildungsmöglichkeiten sollten ausgebaut und die Kompetenz im Umgang mit digitalen Medien *(digital literacy)* sollte gestärkt werden.

7

Die Bundesregierung sollte neben einem forcierten Klimaschutz in Deutschland und Europa die Länder des Globalen Südens massiv beim klimafreundlichen Umbau ihrer Wirtschaft unterstützen, um den Klimawandel als Treiber von Flucht, Vertreibung und irregulärer Migration zu bremsen und die Länder in ihrer nachhaltigen Entwicklung und Modernisierung zu stärken. Dafür sollte sie einen Mechanismus entwickeln, um ausgehend von den Klimaschutzinvestitionen in Deutschland ergänzend einen signifikanten Anteil für klimaschutzpolitische Maßnahmen in Entwicklungs- und Schwellenländern zur Verfügung zu stellen *(climate matching)*. Die Maßnahmen sollten der Weiterentwicklung und Umsetzung der ländereigenen Klimaziele dienen und besonders den Ausbau der erneuerbaren Energien fördern.

8

Die Bundesregierung sollte die Möglichkeiten der Anpassung an den Klimawandel noch gezielter fördern, um zu vermeiden, dass seine Auswirkungen Menschen aus ihrer Heimat vertreiben. Dies bedeutet, vorausschauend Regionen zu unterstützen, in denen Anpassung nötig und noch möglich ist, sowie solche, die künftig zum Ziel klimabedingter Migration und Vertreibung werden dürften. Beispielsweise sind Küstenstädte häufig Ziel von Binnenmigration und zugleich sehr anfällig gegenüber den Auswirkungen des Klimawandels.

9

Die Bundesregierung sollte die Unterstützung für nachhaltige Stadtentwicklung in Entwicklungsländern ausbauen, um die Lebensbedingungen in armen Stadtvierteln zu verbessern und Perspektiven für Flüchtlinge und Binnenvertriebene außerhalb von Flüchtlingslagern zu schaffen. Die Verbesserung der Lebensbedingungen besonders verletzlicher Menschen, gute Regierungsführung, aber auch Umwelt- und Klimaschutz können nur gelingen, wenn die rasante Urbanisierung gerade in wenig entwickelten Ländern entsprechend gestaltet wird.

10

Die Bundesregierung sollte der Situation von Binnenvertriebenen und der hiervon betroffenen Länder größere politische Aufmerksamkeit mit dem Ziel widmen, für die Betroffenen Perspektiven zu schaffen. Dabei sollte sie insbesondere im Kontext lang andauernder Binnenvertreibung ihre Hilfe auf dauerhafte Lösungen ausrichten und hierfür auch entwicklungspolitische Instrumente einsetzen. Die Bundesregierung sollte daher die Arbeit des im Jahr 2019 eingesetzten *UN High-Level Panel* zu Binnenvertreibung unterstützen und sich für einen adäquaten Folgeprozess einsetzen.

11

Die Bundesregierung sollte besonders belastete Aufnahmeländer von Flüchtlingen insbesondere in Krisenregionen unterstützen, um für die Menschen und die aufnehmenden Gemeinden nachhaltige Perspektiven zu schaffen. Diese Unterstützung sollte für einen Zeitraum von fünf Jahren planbar, signifikant und nachprüfbar vereinbart werden sowie über die humanitäre Nothilfe hinausgehen. Diese Abkommen sollten in enger Abstimmung mit internationalen Partnern und im Rahmen der Umsetzung des Globalen Paktes für Flüchtlinge vereinbart werden und im Bedarfsfall verlängerbar sein.

12

Die Bundesregierung sollte eine Allianz für *Resettlement* auf den Weg bringen, um sicherzustellen, dass die Mitgliedstaaten dieser Allianz ein bestimmtes Kontingent an anerkannten Flüchtlingen dauerhaft aufnehmen. Mitglieder könnten neben Deutschland andere EU-Staaten, die USA, Kanada und Japan sein. Sie sollten pro Jahr jeweils mindestens die Anzahl an Flüchtlingen aufnehmen, die 0,05 Prozent der eigenen Bevölkerung entspricht, um damit die *Resettlement*-Zahlen aus ihrem historischen Tief zu heben. Für Deutschland bedeutet dies, sich auf ein *Resettlement* von rund 40.000 Menschen pro Jahr zu verpflichten. Dabei sollten besonders gefährdete Menschen, insbesondere Frauen, Kinder und Opfer sexualisierter Gewalt, aus den größten humanitären Krisengebieten aufgenommen werden. Darüber hinaus sollte die Bundesregierung sichere Fluchtwege schaffen, um Menschen in akuten Krisensituationen rasch zu helfen, und hierzu die Erteilung humanitärer Visa ausweiten. Konkret sollte die Regierung im Rahmen eines Pilotprojekts eine signifikante Zahl besonders gefährdeter Menschen beispielsweise aus Jemen auf sicherem Wege nach Deutschland einreisen lassen. Zudem sollte die Bundesregierung Möglichkeiten der Asylantragstellung in Drittstaaten außerhalb der EU prüfen.

13

Die Bundesregierung muss sich im Verbund mit anderen EU-Mitgliedstaaten für die Einhaltung des Rechts an den EU-Außengrenzen einsetzen, um Verletzungen menschenrechtlicher Verpflichtungen entgegenzuwirken. Zwei Aufgaben sind besonders wichtig: Zurückweisungen *(Push-backs)* zu verhindern und für eine menschenwürdige Unterbringung in der EU zu sorgen. Der Schutz der Menschenrechte darf nicht nur von Entwicklungsländern und autoritären Staaten eingefordert werden; es ist auch eine wichtige Aufgabe für Deutschland und Europa, diesen selbst konsequent zu gewährleisten.

14

Die Bundesregierung sollte mit relevanten Herkunftsländern substanzielle Migrationspartnerschaften abschließen, um mehr sichere Migrationswege zu schaffen und Migration gemeinsam zu gestalten. Solche Partnerschaften könnten konkrete Angebote für Arbeitsmigration und eventuell Visafreiheit mit realistischen Vereinbarungen für die Rückkehr ausreisepflichtiger Personen verbinden. Freiwilliger Rückkehr sollte dabei immer Vorrang eingeräumt werden. Für die strategische Auswahl der Länder sollte die Diskussion im Rahmen von jährlichen Asyl- und Migrationsgipfeln erfolgen und mit den Partnern für die Aufnahme, also Zivilgesellschaft einschließlich Diasporaorganisationen, Privatwirtschaft, Ländern und Kommunen, abgestimmt werden. Dies sollte in den Verhandlungsprozess mit den EU-Partnern zur Umsetzung des neuen EU-Migrations- und Asylpakets einfließen.

15

Die Bundesregierung sollte sich noch stärker um ressortabgestimmte deutsche Strategien zur Minderung der Ursachen von Flucht, Vertreibung und irregulärer Migration bemühen und ausreichend Personal zur Verfügung stellen, um diese Strategien besser in die europäischen und internationalen Diskussionen einzubringen. Die Bundesregierung sollte die finanziellen Aufwendungen verstärken und durch mehr Kohärenz der Finanzierung die eigene Strategiefähigkeit erhöhen. Die Finanzierung der Maßnahmen, die die Ursachen von Flucht, Vertreibung und irregulärer Migration reduzieren und Aufnahmeländer unterstützen, sollte auf einer stabilen mehrjährigen Planungsgrundlage aufsetzen, um damit Verlässlichkeit für Betroffene und Partner zu schaffen. Diese sollte auch flexible Antworten auf veränderte Herausforderungen ermöglichen.

Lang- und Kurzfassung des Berichtes können als Druckfassung bestellt oder heruntergeladen werden über: www.fachkommission-fluchtursachen.de. Beide Fassungen liegen auf Englisch vor, die Kurzfassung auch auf Französisch.

2022

... erscheint dieses Buch.

Dank

Als wir das Buch konzipierten, hatten wir eine Vorstellung, welche Themen aufgeblättert, welche politischen Defizite angesprochen, welche Ideen, Perspektiven und politischen Lösungswege aufgezeigt werden sollten. Aber dies zu realisieren, dafür braucht es: engagierte Menschen.

Wir sind den Autorinnen und Autoren sehr dankbar, dass sie sich mit all ihrem Wissen auf das Projekt eingelassen haben – und das bei unserem ehrgeizigen Zeitplan. Alle verbindet der Wunsch, etwas bewegen zu wollen. Das ermutigt uns.

Wir danken Bärbel Dieckmann, die unsere Initiative von Anfang an unterstützt hat. Auch nachdem sie den Co-Vorsitz der Fachkommission Fluchtursachen übernommen hatte, hat sie die Initiative stets im Blick behalten. Sie war für uns jederzeit ansprechbar, stand uns beratend zur Seite und hat uns auf diese Weise sehr geholfen.

Bei Nicola Quarz bedanken wir uns für die außergewöhnlich gute Zusammenarbeit. Sie hat akribisch und kreativ lektoriert und mit vielen Ideen das Buch bereichert.

Der Deutschen Bundesstiftung Umwelt danken wir für die Förderung unserer Initiative, ohne die das Buch nicht zustande gekommen wäre. Unkompliziert hat Martin Schulte unser Projekt immer wieder befördert.

Die Herausgeber